번역

첫 단 추 시 리 즈

번역

매슈 레이놀즈 지음
이재만 옮김

교유서가

차례

제 I 장

언어 교배하기

번역이란 무엇인가?

당신은 학교에 있다. 화이트보드에 외국어 낱말들이 적혀 있다. 당신의 과제는 그 낱말들을 이해해서 영어로 옮기는 것이다. 교사가 눈을 부릅뜨고 지켜본다. 시곗바늘이 째깍째깍 돌아간다. 햇살이 교실을 비스듬히 가로지른다. 틀리게 옮기면 벌을 받는다.

그 과제는 '번역'이라 불린다.

당신은 17세기 시인 존 드라이든(John Dryden)이다. 당신은 영어만큼이나 라틴어를 많이 읽으며 자랐다. 제일 좋아하는 작가는 베르길리우스다. 당신은 자신의 시를 짓는 것 못지않게 라틴어로 된 시를 번역하고 모방한다. 그런데 당신 자신의 시에도 약간의 번역이 들어 있다. 시를 쓸 때 라틴어와 영어의 낱말과 구(句)가 당신 머릿속에서 함께 떠오르기 때문이다. 지금, 그러니까 생애의 끝을 향해 가는 1690년대에 당신은 두껍고 값비싼 판본으로 출간할 요량으로 베르길리우스의 전작(全作)을 번역하고 있다. 당신은 새로운 독자들에게 베르길리우스가 얼마나 탁월한지 알려주려 한다. 아울러 영문학을 베르길리우스의 경지까지 끌어올려 품격을 더하고자 한다.

이건 번역의 또다른 예다.

당신은 이탈리아 10대 청소년이다. 당신은 친구들과 수다를 떨고 있다. 세계 거의 어디서나 으레 그렇듯이, 당신 무리는 여러 언어로 이야기한다. 당신이 말한다. "Ma dai, non ci credo!"("에이, 난 안 믿어!") 프랑스인 친구가 말한다. "Quoi?"("뭐라고?") 당신이 말한다. "I not believe it."("난 안 믿는다고.") 당신이 영어로 말한 단어들은 이탈리아어로 말한 단어들과 뉘앙스가 다르거니와 완벽한 표준 영어도 아니다. 그래도 친구는 무슨 뜻인지 알아듣는다.

이건 번역인가?

당신은 병원에 있다. 의사가 심각한 목소리로 당신이 TIA를 앓았던 것이라고 알려준다. "일과성뇌허혈증 말입니다." "네?" 당신이 질문하듯 반응하자 의사가 설명해준다. "환자분 뇌에 혈액 공급이 중단되었다가 회복되었습니다. 일시적인 가벼운 뇌졸중과 비슷합니다."

이건 어떤가? 번역인가?

누군가 무슨 말이든 할 때마다 번역이 이루어지는 것일까? 내가 쓴 이 텍스트를 당신이 읽는 지금 무슨 일이 일어나고 있는가? 우리 모두는 아는 어휘의 폭이 서로 조금씩 다르고 저마다 어휘를 조금씩 다르게 사용하지 않는가? 우리 모두는 어느 정도는 서로 다른 언어를 말하지 않는가? 우리가 얼마나 자주 서로를 오해하는지, 얼마나 자주 지팡이를 거꾸로 잡는지(get the wrong end of the stick)를 감안하면, 제각기 다른 언어를 말하는 것이 틀림없지 않은가? (방금 말한 '지팡이를 거꾸로 잡는다'라는 관용구를 당신은 무슨 뜻으로 받아들였는가? 독자 일부는 '오해하다'로, 다른 일부는 '거스름돈을 덜 받다'로 받아들였을 것이다.)

사정이 이렇다면, 우리가 외국어라 부르는 언어를 사용할 때만큼이나 모국어로 여기는 언어를 말하거나 쓰거나 읽거나 들을 때에도 번역이 이루어지는 것이 틀림없다.

그렇다면 번역이라는 단어가 대체 왜 필요할까? 번역이 의사소통 일반과 전혀 다르지 않다면, 일반적으로 번역이 필요하다고 상정하는 이유는 뭘까?

앞에서 간략히 살펴본 일상적인 예들은 번역이라는 영역이 얼마나 흐릿한지, 번역에 관해 생각하는 일이 얼마나 까다로울 수 있는지를 보여주기 시작한다. 또한 우리에게 출발점을 제시한다. 우리끼리 명확하고 엄격한 번역의 의미를 고집해봐야 소용없다. 가령, 번역은 일본어와 프랑스어 같은 표준 국어들 사이에서만 실제로 이루어지지 방언들이나 한 언어의 변종들 사이에서는 이루어지지 않는다고 말해봐야 소용없다. '진정한 번역'은 원천 텍스트의 '정신'을 포착해야 한다고, 또는 반대로 (블라디미르 나보코프처럼) 번역은 무엇보다도 원문의 뜻을 정확히 옮기는 것을 목표로 삼아야 한다고 역설해봐야 소용없다. 당신이 그런 입장을 취한다면, 당신은 이 주제를 흥미롭게 하는 복잡성을 배제하는 것이다. 번역이라는 땅의 소유권을 주장하면서도 그 땅을 탐험하지 않는 것이다.

오히려 우리는 어휘를 구사하는, 번역으로 여길 수 있는 방식들을 두루 살펴볼 필요가 있다. 이를테면 드라이든의 『베르길리우스 작품집』이나 교실에서 치르는 번역 시험처럼 전형적으로 보이는 예부터 의사의 설명처럼 덜 분명해 보이는 예까지 폭넓게 훑어볼 필요가 있다. 우리는 무언가를 번역이라고 부를지 말지가 어째서 문제가 되는지 확인하고, 어디에 어떤 종류의 구분선을 그어야 할지 이해할 필요가 있다. 우리에겐 등고선, 분계선, 개념적 습지대 같은 풍경의 특징들을 표시해둔 지도가 필요하다. 우선 그 지도를 스케치하는 첫 작업으로 세계 각지의 역사적 시공간들에서 뽑은 번역 영역의 확장된 사례들을 살펴보자.

언어들 사이 임자 없는 땅

일본어와 중국어는 겹친다. 입말은 다르지만 글말 형식은 공통점이 많다. 중국어에서 글말이 먼저 발전했고, 일본어를 표기해야 했던 필경사들이 단순히 한자를 차용했기 때문이다. 이런 상황에서 도쿠가와 막부 시대(1603~1868)에 서양에서 흔히 생각하는 '번역'과 비슷하기도 하고 다르기도 한 활동이 출현했다. 일본에서는 '한문훈독(漢文訓讀)'을 통해 한자로 된 텍스트를 이해했다. 훈독이란 '중국어 텍스트를 일본어로 읽기'와 얼추 비슷하다. 한문을 마주한 일본인 학자는 한자들에 작은 부호를 붙여서 그것들이 일본어로 어떻게 배열되는지 알려주었다. 중국어를 말하지는 못해도 한문훈독을 훈련한 사람이라면 이런 텍스트를 이해할 수 있었다. 다음 단계는 한자들을 일본어 어순대로 다시 쓰고 발음 기호를 붙이는 것이었다. 이렇게 표기한 텍스트는 글을 아는 일본인 대다수가 이해할 수 있었다.

한문훈독은 두 언어 사이에 의미를 전달하지 않는다. 그보다는 한 언어의 독자들이 다른 언어로 적힌 글을 이해할 수 있도록 두 언어 사이에 일종의 임자 없는 땅을 만들어낸다. "서양에서 번역이 기능하는 방식과 딴판이잖아!" 혹자는 이렇게 소리칠지 모른다. 그런데 과연 그런가? 오늘 아침 나는 독일어로 된 스팸 메일을 받아 그중 한 문장을 구글 번역(Google

Translate)에 집어넣었다. 그 결과는 이렇다. "in Germany alone there are around 25 million signs that help to make the road and to make safe for all road users(독일에만 해도 도로를 만들고 모든 도로 사용자를 안전하게 만드는 데 도움이 되는 표지판이 약 2500만 개 있다)." 각 단어는 올바른 표준 영어지만 관용구와 문법은 독일어 색이 짙다. 한문훈독처럼 이 경우에도 번역된 문장은 온전히 한 언어도 아니고 온전히 다른 언어도 아니다.

물론 구글 번역은 최근에야 개발되었다. 사람들은 이렇게 이상하거나 불완전하게 느껴지는 번역을 내놓는다는 이유로 구글 번역을 비웃곤 한다. 그런데 사실 번역의 태반은 이처럼 이상하거나 불완전하고, 예부터 언제나 그래왔다. 당신이 다른 제1언어를 사용하는 누군가와 나누었던 지난번 대화를 떠올려보라. 좀 전에 예로 들었던 이탈리아 10대 청소년처럼 아마 그 사람은 당신의 언어를 완벽하게 구사하지 못했을 것이고, 아마 당신도 마찬가지였을 것이다. 급하게 한 번역이든 아주 신중하게 단어 대 단어를 짝 맞춘 번역이든 어색한 느낌을 줄 수 있다. 이처럼 이 언어도 아니고 저 언어도 아니게 단어들을 모아놓는 방식을 일컫는 전문용어가 있다. 바로 '번역투(translationese)'다.

'번역투'는 흔히 비판하는 데 쓰인다. "이건 잘된 번역이 아니라 번역투다"라고 말하는 식이다. 그러나 거의 언제나 번역 언어는 번역되지 않은 텍스트의 언어와 적어도 조금은 다르다. 이 생경함은 시의 원천이 되기도 한다. 에즈라 파운드(Ezra Pound)는 시집 『캐세이Cathay』에서 중국어와 일본어의 글말을 본떠 영어 단어들을 배열했다.

Blue, blue is the grass about the river

강가의 풀은 푸르디푸르고

And the willows have overfilled the close garden.

버드나무는 닫힌 정원을 넘치게 채웠네.

또다른 유명한 예는 히브리어와 고대 그리스어 성서를 영어로 번역한 킹제임스 성서(King James Bible)다. 두 원천언어에서 영향을 받은 이 성서의 글투(cadences)는 1611년에 출간되었을 때만 해도 도발적일 정도로 낯설어 보였다. 그렇지만 수백 년간 판을 거듭한 결과, 영어 사용자 다수는 킹제임스 성서의 번역투에 익숙해졌다. 일각에서는 이 번역투를 영어 문체의 이상(理想)으로 평가하기까지 했다.

역사를 통틀어 세계 곳곳에서, 번역하다가 생겨난 언어적 특이성은 국어의 구조에 흡수되었다. 라틴어 단어 수천 개가 영어로 유입된 16세기에 바로 이런 일이 일어났다. 19세기 초엽에는 독일어와 고전어들 사이에, 말엽에는 일본어와 유럽어들 사이에 타가수분(他家受粉)이 일어났다. 영어가 문화 간 의사소통을 위해 사용되는 바로 지금도 전 세계에서 비슷한 과정이 진행되고 있다. 세계 각지의 사람들은 영어를 제2, 제3, 또는 제4의 언어로서 알고 있고, 현지 사정과 자기네 필요에 맞추어 영어를 재형성하고 있다.

이것이 우리 지도에 필요한 첫번째 발견이다. 번역은 한 언어에서 다른 언어로 건너뛰는 데 그치지 않는다. 불도그와 보르조이를, 또는 장미의 두 변종을 교배하는 것처럼, 번역은 언어들을 섞는다는 의미에서 '언어들을 교배하기'도 한다.

외교적 번역

16세기 엘리자베스 여왕의 잉글랜드 궁정에 오스만 술탄 무라드 3세가 보낸 서한이 도착했다. 먼저 튀르크어로 작성된 다음 술탄의 통역관, 즉 드라고만(dragoman)이 엘리자베스와 궁정 조신들이 이해할 수 있는 이탈리아어로 다시 쓴 서한이었다.

무라드는 세계에서 가장 위대한 통치자임을 자처했고, 엘리자베스를 군소 군주로 치부했다. 서한에서 무라드는 엘라자베스가 "복종과 헌신을 증명해 보였다(izhar-i ubudiyet ve ihlas)"고 주장했다. 드라고만은 엘리자베스가 이 사실을 알면 그리

유쾌해하지 않을 것임을 알아챘다. 번역에서 그의 가장 중요한 목표는 언어들 사이의 의미를 전달하는 것이 아니었다. 그랬다가는 국제적 위기를 초래하거나 목숨을 잃을 위험이 있었다. 드라고만에게 번역이란 무엇보다 의사소통 채널을 열어두고 외교의 바퀴에 기름을 칠하는 일이었다. 그래서 그는 엘리자베스가 '복종'이 아닌 '진실한 우정(sincera amicizia)'을 보여주었다고 썼다.

번역의 이 측면—중재, 즉 분쟁 방지—은 외교 협상에서 극히 중요하다. 그림 1은 다른 사례를 보여준다. 그림에서 통역관 겸 외교관 아메데 조베르(Amédée Jaubert, 문 앞에서 손바닥을 보이는 사람)는 동맹을 맺고자 나폴레옹을 만나려는 페르시아 대사 미즈라 무함마드 레자 카즈위니(Mirza Mohammed Reza Qazvini)에게 의견을 제시하고 있다. 유럽연합 회원국들은 서로 수용할 수 있는 표현을 24개 공식 언어로 협의할 때마다 이 측면을 고려한다. 교전구역의 격앙된 환경에서는 통역관의 단어 선택 요령에 따라 사람들의 목숨이 좌우되기도 한다.

사실 모든 번역 행위는 양측을 중재하는 것이다. 화자 또는 원천 텍스트의 말을 전달하는 번역자는 청자 또는 독자가 수용할 만한 뜻을 의식하여 행위의 목표를 조정해야 한다. 그러므로 우리의 두번째 발견은 다음과 같다. 모든 번역은 외교술

1. 프랑수아 뮐라르, 〈페르시아 대사 무함마드 레자 카즈위니, 핑켄슈타인 성, 1807년 4월 27일〉

을 내포한다.

집단 번역

서양에서 말하는 '기원후' 또는 '서기' 첫 수백 년간 중국에서 불교 경전들이 번역되었다. 대체로 경전들의 원전은 없었다. 인도에서 왔음직한 승려가 어쩌면 산스크리트어로, 어쩌면 중개언어들 중 하나로 외우고 있던 경문을 조금씩 암송했을 것이다. 자그마치 1000명이나 되는 언어·종교 전문가들은 경청하고 숙고하고 토론해서 경문의 각 구절에 대한 해석을 내놓았을 것이고, 그러면 붓을 든 서기가 그 결과를 한자로 기록했을 것이다.

이 경우에 번역이 흔히들 생각하는 것보다 복잡하다는 것을 쉬이 알 수 있다. 승려가 암송한 단어들은 그저 언어에서 언어로 번역된 것이 아니라 구어에서 문어로 번역되었다. 매체가 달라지자 아주 많은 것이 바뀌었다. 음성과 억양이 사라지고 시각적 형태가 등장했다. 다의성(多義性)이 얼마간 해소되는 동시에 생겨났다(이런 일은 영어를 포함해 모든 언어에서 일어난다. "그녀가 나를 스컬(scull, 작은 노)로 쳤어"를 소리 내 읽어보라. 스컬이 '노'로 들릴까 두개골(skull)로 들릴까?). 기실 번역은 언어들뿐 아니라 매체들까지 곧잘 교배한다. 오늘날 일상에서 접하는 매체 교배의 예로는 자막이 있다.

중국 불교의 시나리오는 이례적으로 보이기도 한다. 한 사람이 아니라 집단이 번역을 했기 때문이다. 그러나 이것도 생각만큼 드문 사례는 아니다. 1611년판 킹제임스 성서 번역에 참여한 학자 47명은 6개 위원회에 속해 집단으로 작업했다. 『오비디우스 서간집Ovid's Epistles』을 옮긴 유명한 1680년판 영역본은 존 드라이든과 '몇몇 손(several hands)'의 산물이었다. 더 근래에 제임스 조이스를 프랑스어로, 마르셀 프루스트를 영어로 옮기는 작업은 번역자 몇 명에게 분배되었다. 웹사이트들에서 제공하는 신속 번역 서비스는 으레 번역자들이 3인조나 2인조로 작업한다. 크라우드 소싱 플랫폼은 자원자 다수가 참여하는 번역을 가능하게 하며, 어떤 번역자든 온라인 게시판에 질문을 올려 공유 지식에 기댈 수 있다. 기계번역 소프트웨어 또한 집단의 수고에 의지한다. 우리가 어떤 구절을 번역해달라고 하든 기계번역은 이전 번역들을 검색해서 가장 알맞은 결과를 찾아낸다.

집단 번역은 물론 분량이 많은 텍스트에 대처할 때 도움이 된다. 그렇지만 번역자들이 관여하는 해석의 아주 중요한 면을 보여주기도 한다. 킹제임스 성서를 위원회들이 번역한 이유는 그저 분량이 많아서가 아니었다. 어쨌거나 그들에 앞서 성 히에로니무스, 마르틴 루터, 윌리엄 틴들 같은 개인들이 성서(또는 성서의 일부)를 번역한 전례가 있었다. 킹제임스 성서 번역자들은 그들의 번역을 읽을 공동체―얼마 전에 수립된 잉글랜드 교회―와, 그리고 그들이 공동으로 지키는 신앙과 조화를 이룰 역본을 내놓아야 했다. 그들은 소속 교회의 통념을 번역 작업에 투영했고, 원천 텍스트를 그들의 신앙에 부합하는 의미가 되도록 번역했다. 현대의 기계번역도 사용자들이 수용할 만한 텍스트를 내놓고자 최선을 다한다.

사실 모든 번역자는 자신의 작업물을 읽을 독자 공동체로부터 어느 정도 압박을 받는다. 그리고 모든 번역자는 다른 사람들과 대화하는 가운데 각자의 해석에 도달한다. 영국 시인 알렉산더 포프(Alexander Pope)는 그리스어 실력이 꽤 좋았으나 18세기 초 호메로스의 『일리아스』 번역에 착수했을 때 혼자가 아니었다. 포프에게는 참고할 그리스어 주해들과 이미 영어, 라틴어, 프랑스어 역본들이 있었다. 물론 각종 사전도. 번역자들은 언제나 하나 이상의 원천 텍스트에 의존한다. 번역 장면에 한 사람과 펜과 종이, 번역중인 책밖에 없을지라도, 또는 한 사람이 다른 사람에게 구두로 번역해주고 있을 뿐일지라도, 그 번역자의 언어 지식은 다른 많은 텍스트들과의 대화에서 생겨난다. 그리고 그가 생각하는 번역의 목적은 대상 독자 또는 독자들의 기대에 영향을 받을 것이다. 이 두 가지 의미에서 모든 번역은 집단 번역이다(이것이 우리의 세번째 중요한 발견이다).

헤아려볼까요

엘리자베스 배럿 브라우닝(Elizabeth Barrett Browning)은 유명한 소네트 「당신을 어떻게 사랑하느냐고요? 헤아려볼까요 How do I love thee? Let me count the ways」를 발표했을 때 이것이 번역시인 양 가장했다. 『시집Poems』(1850) 뒤편에 수록된 '포르투갈어에서 옮긴 소네트들' 가운데 하나로 집어넣었던 것이다. 그녀가 이렇게 꾸민 까닭은 수줍어서였는데, 그 소네트들이 얼마나 사적인 내용인지 아무도 짐작하지 못하기를 바랐기 때문이다. 그러나 '포르투갈어에서 옮긴 소네트들'이라는 제목은 사랑 소네트가 언제나 어떤 의미로는 번역이라는 생각을 가리키기도 한다. 사랑 소네트는 언어들을 가로지르는 전통에서 유래하고 다른 지역에서 생겨난 소재를 재사용하지 않을 수 없기 때문이다. 영어로 된 최초의 소네트들은 토머스 와이엇(Thomas Wyatt) 경이 페트라르카의 작품을 번역한 것이며, 사랑의 언어는 여러 언어에서 착상과 이미지를 얻는다. 흔히들 시는 번역이 불가능하다고 말한다. 사실 많은 시들의 뿌리에는, 그리고 (얼핏 생각하면) 서로 별개처럼 보일지 모르는 국문학 전통들의 심장부에는 번역이 있다.

이 도입부에서 이미 우리는 어쩌면 예상치 못했을 진실을 몇 가지 발견했다. 번역은 언어들을 섞는다. 번역은 언제나 외교술을 내포한다. 모든 번역은 집단 번역이다. 우리는 번역을 다양한 방식으로 할 수 있음을 확인하기 시작했다. 그러나 겨우 시작했을 뿐이다. 흔히 번역이라고 여기는, 언어를 다루는 방식들을 (아주 빠르게) 헤아려보자.

번역은 문자로 적히거나 인쇄된 하나의 텍스트를 다른 텍스트로 바꾸는 일로 보일 수 있다. 이것이 가장 흔한 번역 관념일 것이다. 그러나 실제로 번역은 여러 텍스트를 하나의 텍스트로 만드는 일이다. (포프의 사례에서 확인했듯이) 번역자들은 언어적 조우 경험에 의지할 수밖에 없기 때문이다. 실제 번역은 글을 낭독하면서 번역하는 경우처럼 글말 텍스트를 입말 텍스트로 변형할 수도 있고, 중국의 경문 번역처럼 입말 텍스트를 글말 텍스트로 변형할 수도 있다. 통역처럼 어떤 발화를 다른 발화로 옮길 수도 있고, (더빙하는 경우처럼) 녹음된 말을 다른 녹음된 말로, 또는 셀룰로이드나 디지털 자막으로 바꿀 수도 있다. 그리고 외국어 웹사이트를 방문했을 때 웹브라우저가 "이 페이지를 번역할까요?"라고 묻는 경우처럼 어떤 디지털 텍스트를 다른 디지털 텍스트로 바꿀 수도 있다.

번역은 수화와 음성언어, 그림글자와 알파벳 단어, 인쇄 형식과 디지털 멀티미디어 형식 사이를 오가기도 한다. 번역의 대상은 종교서가 되기도 하고, 시와 소설과 희곡, 기술 설명서, 정치 연설, 외교 협상, 법률서, 학술 논문, 농담, 욕설, 고대 비문(碑文), 선전포고문, 일상 대화가 되기도 한다.

번역은 영어와 프랑스어처럼 공통점이 많은 언어들을 교배하기도 하고, 영어와 말레이어처럼 서로 딴판인 언어들을 교배하기도 한다. 같은 표기체계를 공유하는 언어들(일본어와 한국어)과 그렇지 않은 언어들(일본어와 아랍어 또는 독일어)을 연결하기도 한다. 방언들(또는 한 방언과 한 언어) 사이를 오가기도 하고, 앞서 만난 우리 의사가 '일과성뇌허혈증'을 '일시적인 가벼운 뇌졸중과 비슷한 증상'으로 번역한 예처럼 같은 언어의 단어들 사이를 오가기도 한다.

번역은 한 명이 할 수도 있고 몇 명이, 수백 명이 할 수도 있다. 기계가 수행하기도 한다. 번역은 교전구역에서는 생사가 걸린 문제가 되기도 하지만, 다중언어 공동체에서는 평범한 일상의 일부다.

이 모든 예는 번역이라는 영역과 그 주변에 속한다. 모두 어떤 단어들을 다른 단어들로 갈음한다. 그러나 이 예들 간에는 큰 차이점들도 있으며, 번역 영역의 다양한 지대들에서 그런 차이점들이 생겨난다. 그 차이점들을 우리 지도에 정확히 나타내려면, 번역이 다른 종류의 어휘 바꾸기(re-wording)와 어떻게 연관되는지를 탐구할 필요가 있다.

제 2 장

정의

'번역'을 번역하기

제1장에서 한자를 일본어의 뜻으로 읽는 방법인 한문훈독을 살펴보았다. 한문훈독의 의미는 영어 사용자가 보통 '번역 (translation)'이라는 낱말로 나타내는 바와 조금 비슷하다. 그러나 아주 비슷하지는 않다. 그런 차이는 세계 각지의 여러 문화에서 자주 드러난다. 모든 언어에는 '번역'과 연관이 있지만 완전히 같지는 않은 용어들이 있다. '번역'의 정확한 번역어는 없는 것이다.

고대 중국의 불경 번역 모임에서 주요 인물들은 각자 칭호가 있었다. 경문을 암송하고 해석한 승려는 주역(主譯)이라 불렸다. 중국 학자 마사 청(Martha Cheung)은 이 칭호를 '주재하는 번역자(presiding translator)'로 번역하지만, 사실 주역은 중국어를 꼭 알아야 했던 것은 아니므로 엄밀히 말하면 번역자가 아니었다. '단어를 가늠하는 사람'을 뜻하는 도어(度語) 또는 '단어를 전달하는 사람'을 뜻하는 전어(傳語)는 주역의 암송과 풀이를 중국어 입말로 옮겼다. '붓으로 받는 사람'을 뜻하는 필수(筆受)는 입말을 글말로 작문했다. 따라서 영어 사용자라면 번역이라고 뭉뚱그려 부를 법한 이 전체 과정을 참여자들은 몇 가지 활동의 연쇄로 경험했다. 분명 그 과정은 재료 자르기, 들어올리기, 연결하기로 이루어지는 다리 건설이나 연기, 감독, 촬영, 후반 제작을 망라하는 영화 촬영과 같은 공동 작업과 얼추 비슷했을 것이다.

나이지리아 남동부 언어인 이그보어(Igbo language)에는 '번역'과 밀접해 보이는 두 단어가 있다. 그렇지만 두 단어가 내포하는 의미는 번역과 구별된다.

Tapia는 '말하다, 이야기하다'를 뜻하는 어근 ta와 '파괴, 부수기'를 뜻하는 어근 pia에서 유래한 낱말로 '(다른 형태로) 파괴하여 말하다'를 의미한다. '이야기하다, ~에 관해 말하다'를 뜻하는 ko와 '조각내다'를 뜻하는 wa에서 유래한 Kowa도 비슷한 의미를 지니고 있다. 이그보어에서 번역은 이야기하기로서의 의사소통의 생존력, 즉 일대일 재건이 아닌 분해와 형태 변화를 가능하게 하는 능력을 강조하는 활동이다.

(Maria Tymoczko, *Enlarging Translation, Empowering Translators*)

말레이시아, 인도네시아, 싱가포르, 브루나이에서 두루 쓰이는 말레이어에는 '번역'과 가깝기도 하고 멀기도 한 일군의 용어들이 있다. '번역하다'에 가장 가까운 현대 번역어인 'tarjama'의 의미는 '설명하다' 또는 '명확하게 하다'와 더 비슷하다. 다른 단어들은 언어들을 교배하는 각기 다른 방식을 가리킨다. 'terkutip'은 '인용된'에 가깝고, 'dituturkan'은 재배열을 강조하는 표현이며, 'terkarang'은 '새로 쓰인' 또는 '작문된'에 더 가깝다.

고대 로마에서 번역과 의미가 거의 흡사했던 단어들은 은유의 묘미를 보여준다. 가장 흔하게 쓰인 'vertere'는 현대 영단어 'version'의 어원으로, 주요 의미는 '회전시키다' 또는 '땅을 파서 뒤집다'였다. 'convert'의 어원인 'convertere'는 주로 '뒤집어엎다'를 의미했고, 군대 기동중에 방향 전환을 지시할 때 곧잘 쓰였다. 이 외에도 'exponere(열다)', 'explicare(펼치다)', 'exprimere(쥐어짜다)', 'reddere(복원하다)', 'mutare(바꾸다 또는 변형시키다)' 등이 있었다.

후기 라틴어가 이탈리아어, 에스파냐어, 포르투갈어, 루마니아어, 프랑스어 같은 로망스어로 변형되고 나서 번역에 관해 말할 때 아주 중요해진 단어들도 있다. 이를테면

'interpretari(설명하다 또는 해석하다)', 'transferre(한곳에서 다른 곳으로 실어나르다)', 'traducere(건너편으로 옮기다)' 등이 그렇다. 결국 건너편으로 옮겨져서 영단어 'translation'이 된 단어는 'transferre'의 명사형인 'translatio'다.

하지만 'translation'이 영어에 단단히 자리잡은 뒤에도 이 단어의 의미는 언어들 사이 번역으로 고정되어 있지 않았다. 16세기 저자 존 릴리(John Lyly)는 나무를 'translate'한 일, 즉 옮겨 심은 일을 이야기한다. 킹제임스판 신약성서에서 므두셀라의 아버지 에녹은 믿음이 깊어 하느님에 의해 곧장 하늘로 'translate'된다(옮겨진다). 현대 생물학에서 'translation'은 세포 안에서 단백질이 합성되는 과정을 의미하며, 'translational science'는 기초과학과 응용과학을 연결하여 과학적 발견을 실용화할 수 있게 하는 다학제적 연구를 가리킨다.

언젠가 내가 신문 가판대에서 본 〈파이낸셜 타임스〉의 머리기사 제목은 「번역에서 길을 잃다: 연방준비제도 정책 해석의 함정Lost in translation: the pitfalls of interpreting Fed policy」이었는데, 여기서 'translation'은 당국에서 얻은 불분명한 힌트에 근거하여 경제적 예측을 내놓기가 어렵다는 것을 뜻한다. 『크록퍼드 성직자 명부Crockford's Clerical Directory』(2007) 제100판은 전직 스테프니 주교 트레버 허들스턴(Trevor Huddleston)이 'translate'해서(교구를 옮겨서) 모리셔스 주교가 되었다고 알려준다. 'translation'을 언어 간 번역이 아닌 다른 의미로 사용한 가장 유명한 사례는 셰익스피어의 『한여름 밤의 꿈』일 것이다. 이 희곡에서 직조공 보텀(Bottom)은 머리가 당나귀처럼 변한다. 그러자 친구 퀸스(Quince)가 이렇게 소리친다.

> Bless thee, Bottom, bless thee!
>
> 맙소사, 보텀, 맙소사!
>
> Thou art translated.
>
> 너 변했어.
>
> (3막 1장 118~119행)

여기서 'translated'는 주로 '몸이 변형되었다'라는 의미다. 그렇지만 언어 간 번역과 이따금 번역에서 기인하는 묘한 결과를 가리키기도 한다. 셰익스피어는 아서 골딩(Arthur Golding)이 영어로 옮긴 오비디우스의 『변신 이야기』에서 변신에 관해 읽었다. 『변신 이야기』는 여러모로 경탄스럽지만 다소 별난 작품이기도 하다—수다스럽고 다소 장황하다. 어쩌면 셰익스피어가 보텀의 변신을 구상하는 데 당나귀의 총총걸음 같은 골딩의 운문 리듬이 일조했을지도 모른다. 그러나 셰익스피어는 언어 내 번역도 고려했던 것이 분명하다. 보텀이 당나귀(ass)로 변신하는 이유는 낱말 'bottom'이 '엉덩이'

로도 번역될 수 있기 때문이다.

('번역'의) 정확한 번역어가 없는 데에는 간단한 이유와 복잡한 이유가 있다. 간단한 이유는 어떤 단어든 정확한 번역어가 없다는 것이다. 제3장에서 살펴볼 것처럼 상이한 언어들은 결코 일대일로 정확히 대응시킬 수 없다. 단어 'translation'은 이탈리아어 'traduzione'와 조금 다르고 한문훈독과 크게 다르다. 'bread(빵)'가 이탈리아어 'pane'와 조금 다르고 일본어 'パン'과는 더 다른 것과 마찬가지다. 하지만 번역은 이 일반적인 진실을 유달리 다채롭게 입증하는 실례다. 이것이 복잡한 이유다. 우리가 번역이라 부를 수 있는 활동들이 워낙 다채로운 까닭에 그 활동들에 맞추려면 단어 번역이 계속해서 신축성 있게 늘어나거나 줄어들어야 한다. 외형과 의미가 변하는 보텀처럼 단어 번역은 계속해서 '번역된다'. 그럴 때면 다른 단어들이 번역의 영역에 몰려와 땅 일부의 권리를 주장하며 번역과 어깨싸움을 벌인다.

다른 단어들

회의나 법적 심의 자리에서 발언자들의 말을 해석해주는 '통역'을 생각해보자. 통역은 번역의 부분집합인가? 아니면 번역과 연관이 있지만 다른 활동인가? 이탈리아 트리에스테에 있는 유명한 '통역가 번역가 고등연구 학교(Scuola Superiore per Interpreti e Traduttori)'는 두번째 견해를 시사하지만, 제1장 끝부분에서 나는 통역을 번역의 한 유형으로 제시했고, 그때 당신은 놀라지 않았을 것이다. 학생의 단어 대 단어 '짝 맞추기'는 번역으로 간주되는가? 아니면 번역이라기엔 부족한가? '직역'은 어떤가? 고전학자 도널드 카르네로스(Donald Carne-Ross)는 『일리아스』의 한 대목을 원문에 충실하게 번역하고 설명을 붙여 시인 크리스토퍼 로그(Christopher Logue)에게 제공했고, 로그는 카르네로스의 텍스트를 토대로 『일리아스』를 『전쟁 음악War Music』이라는 시적인 '버전'으로 옮겼다. 카르네로스가 한 일은 번역인가 아닌가? 우리는 이 '직역'을 충분한 번역으로 여기지 않을지도 모른다. 옮겨놓은 영문 텍스트 자체만 보면 영 읽히지가 않기 때문이다. 다른 한편으로 직역은 너무 철저하게 영어로 고친 나머지 정확히 '번역'으로 보이지 않는 '버전'일지도 모른다. 다시 말해 원전에서 탈피하여 내용을 새롭게 채운 '버전'일지도 모른다.

자막 달기와 더빙은 복잡할 것 없는 번역의 유형처럼 보인다. 둘 다 타이밍과 립싱크처럼 보통 번역으로 여기는 것을 넘어서는 기술적 측면을 추가로 포함한다는 사실을 알기 전까지는 말이다. 또다른 사례로 다국적 기업이 각국의 시장에 맞추어 웹사이트를 조정하는 과정인 웹사이트 현지화를 생각해

보자. 여기에는 언어 번역 말고도 디자인, 콘텐츠, 대역폭 등을 변경하는 작업이 포함된다. 웹사이트 현지화는 아주 포괄적인 번역인가? 아니면 번역에 다른 과정들을 더한 것인가?

'번역'은 바꿔 쓰기(rewriting), 재배열, 설명을 뜻하는 다른 단어들과 언제나 복잡한 관계를 맺어왔다. 한 가지 생생한 사례를 16세기 유럽에서 찾아볼 수 있다. 이 시기 유럽에 인쇄술이 도입되어 갑작스레 책을 종전보다 훨씬 쉽고도 값싸게 구할 수 있게 되었다. 책을 읽을 수 있는 사람들이 크게 늘어난 것이다. 그러자 수요를 맞출 번역본이 대량 인쇄되었다. 종교개혁기 동안 성서는 루터, 틴들, 브루치올리(Brucioli), 랑프뢰르(Lempereur) 등의 손을 거쳐 유럽 토착어들로 번역되어 널리 유통되었다. 신자들에게는 성서 번역의 충실성이 무엇보다 중요했고, 또 인쇄술 덕에 번역본들과 원천 텍스트를 쉽게 비교할 수 있었으므로, 어떤 번역본이 어떠하냐는 물음—얼마나 정확한지, 얼마나 지어냈는지—이 새로 긴급하게 제기되었다. 잉글랜드 사람들은 메타프레이즈(metaphrase), 패러프레이즈(paraphrase), 모방(imitation)처럼 번역 영역의 지도를 그리는 데 도움이 되는 다른 단어들을 찾았다.

1680년, 위대한 시인 겸 번역자 존 드라이든은 150년 남짓 이어져온 그간의 논쟁을 요약했다.

내가 생각하는 모든 번역은 이 세 가지 범주로 나뉠 것이다.

첫째는 메타프레이즈, 즉 한 언어에서 다른 언어로 저자의 단어를 단어로, 행을 행으로 바꾸는 것이다. 이 방법에 가까운 예는 벤 존슨(Ben Johnson)이 번역한 호라티우스의 『시론Art of Poetry』이다. 둘째 방법은 패러프레이즈, 즉 재량껏 번역하는 것이다. 번역자는 저자가 시야에서 사라지지 않도록 늘 염두에 두면서도 저자의 단어를 저자의 의미대로 엄격하게 따르지 않으며, 저자의 단어를 부연할 수는 있지만 바꿔서는 안 된다. 이 방법의 예로는 월러(Waller) 씨가 번역한 베르길리우스의 『아이네이스』가 있다. 셋째 방법은 모방이다. 번역자는 (아직까지 이 명칭을 잃지 않았다면) 단어와 의미로부터 벗어날 자유뿐 아니라 자신이 적절하다고 생각하는 대로 이 두 가지를 내팽개칠 자유까지 가진 체한다. 그리고 원천 텍스트에서 얻은 몇 가지 일반적인 힌트만 가지고서 원작을 자기 마음대로 재단할 자유를 가진 체한다. 카울리(Cowley) 씨는 이런 식으로 핀다로스의 송시 두 편과 호라티우스의 송시 한 편을 영어로 바꾸어놓았다.

(존 드라이든, 『오비디우스 서간집』 서문)

드라이든의 시대로부터 오늘날에 이르는 동안 그가 논한 세 용어는 모두 바뀌었다. 오늘날 우리는 '메타프레이즈' 대신 '단어 대 단어' 번역이나 '아주 충실한' 번역이라고 말하곤 한다. '패러프레이즈'는 오늘날 보통 언어 간 번역이 아닌 언어 내 번역을 의미한다. 드라이든이 말한 '모방'의 의미로 요즘 흔히 쓰는 단어는 '버전'이다. 그럼에도 위 구절은 줄곧 영향력이 컸다. 위 인용문은 지금도 번역론 선집에 자주 수록되며, '드라이든의 삼중 번역 정의'는 여전히 번역 영역의 유익한 지도로 평가받는다.

그런데 정말로 흥미로운 점은 드라이든 본인의 번역마저 세 정의 중 어느 하나에도 들어맞지 않았다는 것이다. 『오비디우스 서간집』 서문에서 드라이든은 번역 영역이 너무나 다채로워 한 단어로는 포괄하기 어렵지만 세 단어 '메타프레이즈, 패러프레이즈, 모방'으로는 포괄할 수 있을 것이라고 말한다. 그렇지만 뒤이어 드라이든 자신의 번역문으로 시선을 돌리자 세 단어 모두 썩 적합하지 않다는 것이 밝혀진다. 유베날리스와 페르시우스가 라틴어로 쓴 풍자시를 영역한 드라이든의 결과물은 그 자신의 말마따나 "패러프레이즈와 모방 사이"에 있었다. 그리고 베르길리우스의 『아이네이스』를 옮긴 드라이든 최고의 번역은 "'패러프레이즈'와 '메타프레이즈'라는 두 극단 사이"에 있었다.

영어 외에 다른 언어들에서 정확히 'translation'을 의미하지 않는 모든 단어처럼, 영어에서 'translation'과 경쟁하는 모든 단어처럼, 그리고 단어 'translation' 자체의 유동성처럼, 드라이든의 정의는 번역을 꼼짝 못하게 고정하기가 불가능하다는 것을 보여준다. 언어는 복잡하며, 번역은 원천 텍스트, 번역자, 독자와 수많은 방식으로 연관된다. 이제 우리의 지도가 기온과 습도, 풍향의 변화에 맞추어 다시 그려지는 일기도와 비슷할 수밖에 없음이 드러나고 있다. 당신이 어떤 텍스트를 '번역문'이라고 부를 때 그것이 의미하는 바는 내가 나머지 장들에서 탐구할 몇 가지 요인에 달려 있을 것이다. 그런 요인으로는 당신의 역사적 시점과 정치적 상황, 당신이 말하는 텍스트의 장르, 텍스트의 맥락과 목적, 당신에게 가장 중요해 보이는 텍스트의 특징 등이 있다. 결국 이것이 '번역'의 정확한 번역어가 없는 이유다. 오히려 단어 '번역'은 패러프레이즈, 해석, 한문훈독, 'exprimere', 'tarjama'를 비롯해 바꿔 말하고 바꿔 쓰기 위해 사용하는 단어군 안에 자리잡는다. 이 모든 단어는 폭풍우 몰아치는 하늘의 구름들처럼 서로 겹치거나 섞이거나 충돌한다.

번역은 언어를 창조한다

단어 '번역'의 이런 가단성(可鍛性)과 변화하는 번역성(translationality)에도 불구하고, '번역이라는 단어의 진정한 의미' 따위가 있다는 생각을 떨치기 어려울 수도 있다. 이 생각은 번역이 '한 언어'라 불리는 한쪽에서 '의미'라 불리는 무언가를 집어다가 '한 언어'라 불리는 다른 쪽까지 옮겨놓는 그림을 그린다. 나는 이 그림을 '완고한 번역(관)'이라고 부를 것이다.

나는 제3장에서 '의미' 문제를 다시 다룰 것이다. 우선은 '언어'라 불리는 것들을 탐험하고자 한다.

당신이 어떤 지인과 우연히 마주쳤다고 상상해보자. 당신이 어떤 사람이고 어떤 상황에 있느냐에 따라 당신은 'hello', 'hi', 'morning', 'greetings', 'wotcha', 'how're you doing?', 'hey', 'awrite', 'yo', 'eyup', 'g'day', 'ciao', 'salut', 'bonjour', 'coucou' 가운데 하나로 인사할 것이다. 이 단어들 각각은 다른 단어들과 얼추 뜻이 같다. 그렇다면 각 단어는 우리가 이 장에서 이미 발견한 '번역'의 유동적인 의미로 다른 단어들의 엉성한 번역인 셈이다. 그럼에도 대다수 사람들은 'hi'는 'hello'의 진짜 번역이 아닌 반면에 'bonjour'는 번역이라고 생각할 공산이 크다. 그들 생각은 이렇다. 어쨌든 'bonjour'는 프랑스어고 'hello'는 영어다. 서로 다른 언어인 것이다. 그리고 진정한 의미의 번역은 언어들 사이 장벽을 넘어선다.

그런데 그 장벽은 정확히 어디에 있는가? 자크 데리다(Jacques Derrida)는 유명한 에세이 「바벨탑Des tours de Babel」에서 '바벨' 같은 고유명사들은 프랑스어와 영어를 포함해 상이한 언어들에 똑같이 속하고, 따라서 언어 A에 속하는 '바벨'과 언어 B에 속하는 '바벨'을 완전히 구별하기란 불가능하다고 주장했다. 데리다는 우리가 서로 다르다고 생각하는 언어들끼리 공유하는, 대개 철자법과 발음이 조금씩 다른 온갖 단어들에 초점을 맞추었더라도 괜찮았을 것이다. 다음 프랑스어 단어들은 내가 이 단락에서 이제까지 사용한 영어 단어들과 거의 정확히 대응한다. 프랑스어/영어: identique/identical, paragraphe/paragraph, nombre/number, prononciation/pronunciation, mineur/minor, langage/language, distinction(동일), complète/complete, etablir/establish, impossible(동일), différent/different, Babel(동일), nom/name, propre/proper, intitulé/entitle, essai/essay, célèbre/celebrated.

물론 철자법과 발음은 약간 다르지만, 이 단어 쌍들 사이에 장벽이라 할 만한 것이 얼마나 있는가? 모든 사람은 고유한 말씨와 음색을 가지고 있고, 같은 잉글랜드 사람들일지라도 출신 지역이 다르면 서로의 영어 발음이 프랑스인의 영어 발음만큼이나 낯설게 들릴 것이다. 철자법에 관해 말하자면, 철자법 규칙은 지난 300여 년간 학교 에세이와 정부 보고서 같은 글말 의사소통의 공식 양식과 인쇄술의 압력을 받으며 확립되었을 뿐이다. 사람들의 실제 철자법은 (컴퓨터가 교정해주지 않으면) 가지각색이며, 우리는 영어로 쓴 글에서 'distinction'과 'impossible'뿐 아니라 'paragraphe', 'prononciation', 'langage', 'essai'를 보더라도 완벽하게 이해할 것이다. 오늘날 공인받는 규정집에 따르면 다양한 철자법은 틀렸을지 모른다. 하지만 그렇다고 해서 영어 사용자들이 비표준 철자법을 그만 사용하고 그만 이해해야 하는 것은 아니다.

물론 러시아어, 줄루어, 벵골어, 만다린어처럼 영어와 사이가 더 먼 언어들은 프랑스어만큼 겹치지 않는다. 그러나 이 언어들은 나름대로 인접 언어들(각각 폴란드어, 코사어, 아삼어, 광둥어)과 연속되고 서로 겹친다. 언어는 바다의 섬처럼 외떨어져 있는 것이 아니다. 언어는 사막과 같은 연속체 안에서 어법들이 모여서 형성하는 사구(砂丘)를 더 닮았다. 어떤 사구는 주변 사구들과 달라 보일지 모르지만, 무한히 이동하고 변화하는 사구들의 경계는 차츰 흐릿해진다.

경계는 언어 내에도 있다. 앞서 나열한 인사말들로 돌아가자면, 나는 'yo'(너무 젊은 느낌이다)나 'eyup'(너무 요크셔 말투다)보다 'salut'나 'ciao'라고 인사할 가능성이 높다. 후자 둘은 영어-프랑스어 사전이나 영어-이탈리아어 사전에서 외국어 쪽에 있을 텐데도 말이다. 두 종류의 경계―언어 내 경계와 언어 간 경계―모두 변화 가능하고, 장벽이라기보다는 표현 습관과 전술이다. 일상 의사소통이라는 다자간 게임에서 언어 사용자들은 각자의 상황에 가장 적합하다고 생각하는 어떤 어휘든, 또 어휘를 배열하는 어떤 방식이든 채택할 수 있다. 내가 얄궂거나 유쾌한 상황에서 'yo' 또는 'eyup'라고 말할 수도 있고, 프랑스어 사용자가 상황에 따라 'ciao'나 'hola'나 'hello'라고 말할 수도 있다.

이 모든 가능한 다양성을 감안하면, 대체 사람들은 어떻게 서로의 말을 이해하는 걸까? 그것은 우리가 서로 공유하고 예상하는 어휘 사용법을 판단하고 준수하는 데 능숙하기 때문이다. 우리는 사무실과 술집에서, 아이와 어른에게, 장례식장과 여성들만의 파티에서 각기 다르게 말한다. 우리는 메신저 대화, 파워포인트 발표문, 소설을 각기 다르게 쓴다. 다양한 상황에서 이런 예상치는 강한 규제를 받는다. 가령 의사나 변호사 양성 과정은 특정한 단어 집합과 더불어 그 집합을 구사하는 규칙에 대한 학습을 포함한다. 당신이 읽고 있는 이 책은 옥스퍼드 대학 출판부와 여타 학술 출판사들이 요구하는 형식적인 언어 사용 관례를 따라야 한다. 학교 교육은 사전, 문법서, 사회적 태도 등과 연합하여 폭넓은 규제를 강요한다. 그 결과 언어의 올바른 표준형이 있다는 관념이 생겨난다. 앞서 철자법과 관련하여 언급한 표준화는 다른 영역들도 규제한다. 표준어 기관은 어떤 단어들이 당신의 언어에 속하고 어떤 단어들이 속하지 않는지, 단어들을 조합하는 올바른 방법이 무엇인지 알려준다. 이런 이유로 가령 표준 영어 사용자라면 이중 부정문을 결코 쓰지 말아야 한다고 믿게 되는 것이다.

학교와 사전 등이 사람들에게 끼치는 명백한 영향의 배후에는 정치적·경제적 이해관계가 있다. 국가들은 으레 언어의 표준화를 촉진한다. 이를 꼬집어 "언어는 육군과 해군을 거느린 방언이다"라고 말하곤 한다. 모든 사람이 비슷하게 말하고 글을 쓸 때, 법률을 제정하고 세금을 징수하기가 훨씬 더 쉬워진다. 언어는 집단 정체성의 중요한 부분이기도 하며, 이런 이유로 국가는 균일한 언어를 장려하고 그 언어에 애착을 느끼게 함으로써 애국심을 고취한다.

'완고한 번역관' 또한 언어 표준화에 의존한다. 각 언어의 경계, 어휘, 규칙을 확실히 분별하지 못한다면, 한 언어에서 의미를 꺼내다가 다른 언어로 집어넣는다고 생각할 수 없을 것이다. 사실 '완고한 번역관'은 표준어를 절실히 필요로 해서 기성 표준어가 없으면 그것을 만들어내는 과정에 동참한다.

1990년대 초에 유고슬라비아가 해체된 뒤, 종전의 한 나라에서 갈라진 조각들은 스스로를 개별 민족국가로 수립할 필요가 있었다. 그래서 그들은 저마다 고유한 언어를 원했다. 문제는 보스니아인, 크로아티아인, 세르비아인이 서로 알아들을 수 있는 언어들을 구사했고, 그때까지 그 언어들 사이에 경계선이 없었다는 것이었다. 그럼에도 세 집단 간 평화를 위한 기틀을 세운 1995년 데이턴 평화협정 자리에서는 문서를 서로 별개인 세 언어(아울러 영어)로 적어야 했다. 나토가 주도한 다국적 안정화부대(SFOR)의 언어국 소속 루이즈 애스큐(Louise Askew)는 번역자들이 이 난제에 어떻게 대처했는지 설명해준다.

정치적으로 보아 안정화부대의 언어 정책은 보스니아에서 활동한 모든 국제기구의 언어 정책과 마찬가지로 문서와 번역을 세가지 아주 흡사한 언어 버전들로 제공함으로써 이 지역의 분열적인 종족 정치를 심화했다. 언어적으로 보아도 번역된 문서 대부분이 공적 영역에서 쓰일 것이었으므로 다양한 언어국들의 성원들은 세 가지 표준, 특히 보스니아어 표준을 만드는 일에 관여했고, 언어학자들은 그 표준이 정확히 무엇으로 구성되는지를 두고계속 토론했다. 보스니아어에 맞는 다양한 맞춤법, 사전, 문법에 대한 의견들이 언제나 일치한 것은 아니었으므로, 안정화부대 본부 언어국에서는 실제로 무엇이 크로아티아어나 세르비아어 버전과 대비되는 보스니아어 버전에 포함될 수 있는지에 관해 줄곧많이 토론했다.

이 협정은 영토에 더해 언어까지 분할하는 작업이었다. 데이턴 협정은 유달리 적나라한 사례다. 그러나 누구든 어휘 바꾸기를 하면서 '번역'을 한다고 말하는 사람은 그럴 때마다 자신이 별개 언어들 간 번역을 한다는 관념을 강화하는 것이다. 그렇게 생각하지 않는다면 굳이 번역할 필요가 있겠는가? 코르시카어 사용자라면 누구나 프랑스어도 사용하므로 어떤 책을 프랑스어에서 코르시카어로 번역한다 해도 그 책을 읽는 사람이 늘어나는 것은 아니지만, 그 번역 행위는 코르시카어가 별개 언어라는 관념을 강화한다. 2008년, 키르멘 우리베 (Kirmen Uribe)가 바스크어로 쓴 소설『빌바오-뉴욕-빌바오 Bilbao-New York-Bilbao』가 유럽 에스파냐어, 갈리시아어, 카탈루냐어로 동시에 번역된 일도 궤를 같이한다. 1844년, 윌리엄 반스(William Barnes)는 자신의『도싯 방언으로 쓴 시골생활 시 Poems of rural life in the Dorset dialect』를 '국어로 선정된 방언'으로 번역했다. 보통 '방언'이라 불리던 도싯셔 언어와 표준 영어를 동급으로 놓음으로써 반스는 반대 방향에서 같은 관념을 역설한 셈이었다. 마지막으로 1700년에 존 드라이든은 제프리 초서의『캔터베리 이야기』의 일부를 현대화했다. 또는 그의 말대로라면 "초서를 영어로 번역했다". 드라이든은 초서가 사용할 수밖에 없었던 설익은 매체와는 전혀 다른, 교화된 영어라는 이름에 값하는 글을 자신이 썼다고 주장했다.

이런 식으로 번역은 언어 창조에 참여한다. 제6장에서 우리는 번역이 언어 말살에 일조할 수도 있음을 발견할 것이다.

모든 의사소통은 번역인가?

앞서 보았듯이 '완고한 번역관'은 특별한 규제를 받는 단 한 종류의 번역을 규정하는 반면에 더 넓은 의미의 번역(나는 이 것을 '번역성'이라 부른다)은 언어들 사이만큼이나 언어들 내에 서도 이루어지는 소통의 다른 많은 종류들을 포괄한다. 이제 서두에서 제기했던 물음을 다시 따져볼 때다. 모든 의사소통 행위는 번역 행위인가?

조지 스타이너(George Steiner)는 유명한 저서 『바벨 이후 After Babel』(1975)에서 그렇다는 입장에 섰다. "번역은 형식적 으로나 실제적으로나 **모든** 의사소통 행위에 내포되어 있다. (…) 이해하는 것은 곧 해독하는 것이다. 의미를 듣는 것은 곧 번역하는 것이다." 간단히 말해 "인간의 **의사소통은 번역과 동일 하다**". 그 증거로 스타이너는 지난 500년간 쓰인 일련의 문학 작품들—셰익스피어의 『심벨린』, 제인 오스틴의 『이성과 감 성』, 단테 가브리엘 로세티(Dante Gabriel Rossetti)의 소네트, 노엘 카워드(Noel Coward)의 『사생활Private Lives』—에서 구절 을 인용한다. 그는 그런 구절을 현대 영어 사용자가 이해하려 면 얼마나 많은 해석이 필요한지를 지적한다.

일례로 『심벨린』의 독백을 몇 줄 살펴보자.

...that most venerable man, which I

Did call my father, was I know not where
When I was stamp'd.
내가 아버지라 부르던 가장 존경하던 사람이
내가 잉태되던 순간에 어디 있었는지
나는 모른다.

가장 명백하게 낯선 점은 현대 영어의 관계대명사 'who' 대신 'which'를, 동사형 'I called' 또는 'I used to call' 대신 'I did call'을 사용한다는 것이다. 초서의 영어가 드라이든에게 생경했던 것처럼 셰익스피어의 두 가지 용법은 우리에게 사뭇 생경하다. 셰익스피어가 사용한 낱말들을 이해하는 것은 곧 그것들을 새로운 어법에 맞게 번역하는 것이다. 이를테면 우리는 'which'를 'who'로 번역한다.

'venerable'과 'stamp'd'도 얼마간 비슷하다. 이미 두 단어에는 '나이 지긋한'과 '세게 밟다'라는 오늘날의 주된 의미가 담겨 있었다. 그러나 그 외에 다른 의미들도 부상하고 있었을 것이다. 요즘과 비교해 'venerable'은 '존경받는'이나 '공경받는'이라는 의미를 더 많이 내포했을 것이고, 'stamp'd'의 의미 중에서는 동전에 이미지를 각인한다는 관념이 점차 두드러졌을 것이다. 따라서 두 낱말을 완전히 이해하는 데에도 번역이 일정한 역할을 한다. 그러나 먼저 살펴본 두 경우보다는 더 작고 더 유동적인 역할이다. 우리는 'which'가 'who'를 의미한다고 말하는 식으로 'venerable'이 'X'를 의미한다고 간단히 말할 수 없다.

'I', 'know', 'where', 'not', 'when', 'was', 'call', 'father'처럼 오늘날과 비교해 의미가 별반 다르지 않은 나머지 단어들은 어떠한가? 물론 나는 이 단어들을 외국어로 번역하듯이 다른 영어 단어들로 번역할 수 있다. 'father'를 양친 중 남성으로, 'I'를 나 자신을 가리키는 대명사로 풀이할 수 있다. 하지만 내가 왜 그렇게 하겠는가? 'I'든 'know'든 'where'든 'not'이든 'when'이든 'was'든 'call'이든 'father'든 이미 내게 익숙한 단어다. 내가 이것들을 번역어로 읽을 필요는 없다.

이렇게 익히 아는 단어들을 이해하는 일이 '번역'의 한 형태라는 주장이 성립되려면, 정신 안에 어떤 암어(暗語)가 있고 모든 단어가 무조건 그 언어로 번역되어야 할 것이다. 이 견해에 따르면 우리가 '의미'라고 부르는 것 자체가 일종의 언어일 것이고, 따라서 어떤 단어를 이해할 때 우리는 그 단어를 '의미'로 번역하는 것이다. 그러나 이해가 실제로 번역 과정이라면, 그 '의미'는 어떻게 이해할 것인가? 그러려면 그 '의미'를 다시 번역해야 할 것이다. 그리고 그렇게 번역한 것을 다시 번역해야 할 것이다. 이 구조가 끝없이 되풀이된다. 의사소통이 '번역과 동일하지' 않은 이유는 간단하다. 익숙한 단어들은 그저 인지하기만 해도, 번역하지 않고도 이해할 수 있기 때문이다.

사실 사고와 언어의 관계는 아주 복잡하다. 때로 우리는 우리가 아는 언어의 단어들로 생각한다. 때로는 어떤 단어도 사용하지 않고도 정연한 생각을 한다고 느낀다. 때로는 언어와 멀리 떨어져 있는 듯한 감정에 사로잡힌다. 때로는 발상이 번뜩 떠오른다. 당신은 이런 갖가지 산만한 과정들과 언어 사이를 오가는 행위를 굳이 '번역'이라는 단어로 지칭할지도 모른다. 그러나 중요한 점은 당신이 그렇게 할지라도 그것이 은유적 표현이라는 것이다. 이 경우에 번역은 '어떤 단어들로 다른 단어들을 갈음함'을 의미하지 않는다.

스타이너는 실례를 들어 주장을 입증하려 하지만 결국 의도와 달리 흥미롭고도 중요한 무언가를 보여준다. 번역은 의사소통과 같지 않다. 오히려 번역은 의사소통의 일부다. 우리가 번역을 찾는 때는 이해를 가로막는 장애물에 부딪혔을 때, 당면한 단어들을 완전히 파악할 수 없을 때다. 이 점이 중요한 이유는 우리가 살아가는 언어적 환경이 실제로 얼마나 조각나 있는지를 드러내기 때문이다.

앞 단락에서 살펴본 대로, '완고한 번역관'은 별개 언어들이 있다는 주장에 일조한다. 이 언어들은 대개 정치 당국의 지원을 받는 공식 언어다. 만일 '번역'이 별개 언어들 사이에서만 이루어지는 무엇이라면, 같은 공식 언어를 사용하는 사람들은 번역 없이도 서로의 말을 모두 이해할 수 있으므로 번역이 필요 없다는 결론이 나온다. 그러나 실제로 사람들은 언어를 온갖 방식으로 구사하고, 서로의 말을 오해할 여지는 언제나 있다.

우리는 단순히 상대방의 말을 알아듣지 못해서 다른 표현으로 바꾸어 말해달라고(즉 번역해달라고) 요청할 수도 있다. 관련 전문지식이 부족할 수도 있다. 방금 전만 해도 커피머신 옆에서 한 동료가 "그래서 그가 그 회사를 매수해서 IPO했어"라고 말해서 나는 무슨 뜻인지 번역해달라고 부탁할 수밖에 없었다('IPO'는 '주식시장에 상장하다'라는 뜻이다).

우리는 지역적 또는 사회적 정체성이 서로 다를 것이다. 내아이가 내게 'a sick evening'을 보냈다고 처음 말했을 때, 나는 번역을 듣고서야 그것이 괜찮다는 뜻임을 알았다('sick'은 젊은 층의 말로, 내 또래 사람들이라면 그 대신 '멋진cool'이나 '끝내주는 wicked'이라고 말할 것이다). 우리는 계급과 정치적 신념에 따라 갈리기도 할 것이다. 누군가에게는 '파업 파괴자(scab)'인 사람이 다른 누군가에게는 '근면한 노동자'일 것이다.

따라서 언어에서 압력이 걸리는 이런 지점들을 번역으로 여기는 것이 중요하다. '완고한 번역'처럼 더 넓은 의미의 번역은 역설적인 결과를 가져온다. 즉 언어의 경계선들을 넘어서는 행위에 내재하는 경계선들에 주목하게 한다. 그리하여 우리 서로의 차이를 확인하고 존중하도록 돕는다. 숙제에 'I done it'이라고 쓴 아이에게 필요한 것은 교정이 아니다. 아이에게 필요한 것은 번역 도움이다.

제 3 장

단어, 맥락, 목적

번역은 단어의 의미를 번역하는가?

영어 단어 'house'를 예로 들어보자. 이중어 사전에서 이 단어를 찾으면 외국어 단어로 번역하기 쉬워 보인다. 'house'는 독일어로 'Haus', 프랑스어로 'maison', 이탈리아어로 'casa', 현대 그리스어로 'σπίτι', 만다린어로 '房子'(팡쯔)다. 세계 각지에 수많은 집이 있고, 아주 많은 언어에 집을 뜻하는 단어가 있다. 이 모든 단어들은 "사람이 거주하도록 지은 건축물"이라고 얼추 비슷하게 풀이할 수 있다. 언어학자라면 이 단어들이 동일한 '명제적 의미'를 공유한다고 말할 것이다.

이제 'scone'을 예로 들어보자. 영어에서 이 단어는 밀가루와 달걀로 만드는 패스트리를 가리키며, 보통 고형 크림과 잼을 듬뿍 얹고 차를 곁들여 먹는다. 이 단어를 독일어 사전에서 찾아보면 번역보다 묘사에 가까운 풀이를 발견하게 된다. welcher, oft zum Tee gegessener kleiner Kuchen(흔히 차와 함께 먹는 작은 쿠헨(독일식 케이크—옮긴이)). 조금 더 간결하기는 해도 다른 사전들의 풀이도 엇비슷하다. 프랑스어 사전은 petit pain au lait(작은 우유빵), 이탈리아어 사전은 foccaccina da tè(차에 곁들이는 작은 빵), 그리스어 사전은 εἶδος γλυκίσματος(당과의 일종)에 이어 쿠키 또는 번빵과 동의어인 낱말들(βούτημα, κουλουράκι). 만다린어 사전은 烤饼(카오빙, 구운 비스킷)을 뜻으로 제시한다.

'scone'은 'house'보다 영국 문화에 특유한 산물인 까닭에 다른 언어들에는 'scone'과 동일한 명제적 의미를 갖는 기존 단어가 없다. 그래서 'scone'을 대신할 적절한 표현을 찾으려면 꽤나 애를 써야 한다. 그러느니 이 영어 단어를 단순히 소리 나는 대로 적고 그 의미를 각주로 설명하거나 맥락상 추론하도록 두는 편이 더 쉬운 방법처럼 보일 것이다. 그리스인들은 영어 'scone'에 대해 말할 때 'σκον'(skon)이라고 말할 공산이 크고, 중국인들 역시 '司康饼'(쓰캉빙)으로 전자(轉字)할 수 있다. 이런 식으로 문화 특이적인 물품을 가리키는 온갖 용어(전문용어로 '실재물realia'이라고 한다)가 여러 언어에 차용되었다. 그런 용어는 대개 음식물과 음료로, 예를 들면 'spaghetti'(스파게티), 'curry'(커리), 'moussaka'(무사카), 'camembert'(카망베르), 'whisky'(위스키), 'limoncello'(리몬첼로) 등이 있다. 그렇지만 'hijab'(히잡), 'schadenfreude'(샤덴프로이데[남의 불행을 보며 느끼는 행복―옮긴이]), 'fjord'(피오르)처럼 먹거리가 아닌 것들도 있다.

'house'를 다시 살펴보자. 집이 정말 그렇게 만국 공통인가? 영국의 'house'를 생각하면 이엉을 얹은 단독주택이나 한쪽 벽면이 옆채와 붙어 있는 연립주택이 떠오를 것이다. 단독주택은 골조로 목재를 썼을 것이고, 연립주택은 벽돌로 짓고 지붕에 슬레이트를 얹었을 것이나. 하시만 그리스의 집(σπίτι)은 외형이 달라 보일 것이다. 흰색 도료로 덮여 있고, 창에 덧문이 달려 있고, 지붕이 평평할 것이다. 언어학자들은 사람들이 단어에 반응하여 떠올리곤 하는 이런 이미지를 가리키는 전문용어를 가지고 있다. 바로 '전형(典型)'이다. 동일한 명제적 의미를 가진 단어들이라 해도 전형은 서로 다를 수 있다.

명제적 의미와 전형은 단어가 가진 의미의 두 측면일 뿐이다. 다양한 이름표를 붙일 수 있는 다른 측면들도 있다. '표현적' 또는 '함축적' 의미는 단어와 연관된 느낌을 말한다. 내가 "저기가 내 home이야"라고 말할 때와 "저기가 내 house야"라고 말할 때, 설령 동일한 건축물을 가리킨다 해도 의미하는 바는 약간 다르다. 그 차이는 어느 정도는 명제적 의미의 문제다. 'home'은 늘 머물거나 평소에 머무는 거주지를 의미할 가능성이 높은 반면에 'house'는 꼭 그런 것은 아니다. 그러나 더 중요한 차이는 표현적 의미다. 'house'는 감정을 나타내지 않지만 'home'은 따스한 느낌과 소속감을 암시한다.

다른 언어들은 이 느낌을 영어와 똑같이 다루지 않는다. 이탈리아어 사전은 'casa'가 'house'를 뜻하는 단어라고 말할 것이다. 그러나 저녁식사를 마치고 영국인이라면 "나 집에 갈게"(I'm going home)라고 말하겠지만, 이탈리아인이라면 'casa'를 사용해 "나 집에 갈게"(torno a casa)라고 말할 것이다. 이 경우에 'casa'는 'house'만큼이나 무감정한 표현일 것이다. 반면에 'home'의 지배적 의미는 느낌이다. 'home'보다 느낌이 더 강한 향수(homesickness)를 가리키는 단어도 언어마다 다를 것이다. 끔찍한 수학여행중인 열 살짜리 영국 아이를 상상해보자. 지치고 배고픈 아이는 울면서 "나 그냥 집에 갈래!"(I just want to go home!) 하고 소리칠 것이다. 같은 상황에서 이탈리아 아이라면 'casa'로 돌아가고 싶더라도 조금 다르게 울부짖을 것이다. "나 엄마한테 돌아갈래!"(voglio tornare dalla mamma!)

이런 일상적인 예들마저 단어와 의미의 관계가 아주 복잡함을 보여준다. '의미'에는 여러 측면이 있다. 나처럼 전문용어들―명제적 의미, 표현적 의미, 전형―을 사용해 그 측면들을 구분할 수는 있지만, 그것들 사이 관계는 복잡하고 경계는 흐릿하다. 한 언어에 속하는 한 단어의 의미들조차 그 단어가 사용되는 상황에 따라 변화한다. 그 단어가 다른 언어로 번역되면 더 근본적으로 다른 의미들이 나타날 것이다. 아랍 어에는 영국인이 'home'과 'house'라고 부름직한 대상에 관 해 말하는 독특한 방식이 있다. 'بيت'(바이트)는 한 곳에서 밤 을 보낸다는 사실을 강조하는 경향이 있는 반면에 'دار'(다르)와 'منزل'(만질)은 거주지에 더해 가족과 부족까지 가리킨다. 내가 'دار'는 'house'를 의미한다고 말한다면 두 단어 간 의미의 실 질적 차이를 경시하는 것이다. 그럴 때 내 말의 진의는 'دار'와 'house'가 서로의 번역어로 쓰임직하다는 것뿐이다.

이렇듯 번역은 단어의 의미를 옮기는 것이 아니다. 적어도 한 언어에서 한 단어의 의미를 파악하여 다른 언어에서 똑같 은 의미를 가진 한 단어를 발견하는 것은 아니다. 많은 단어들 이 'scone'처럼 다른 언어의 어떤 단일 단어와도 대응하지 않 는 명제적 의미를 지닌다. 이런 이유로 번역자는 원천 언어의 골치 아픈 단어를 임기응변으로 설명하거나, 그 단어 그대로 번역 언어로 가져온다. 단어들의 명제적 의미가 상당히 겹치 는 경우가 더 많기는 하다. 그러나 이 경우에도 단어들의 표현 적 의미와 전형은 서로 다를 가능성이 높다. 번역자는 원천 언 어의 단어를 보고 떠오르는 의미 묶음 전체에 대응하는 가장 알맞은 단어를 찾고자 번역 언어의 특정한 '어휘 집합'—의미가 연관된 단어들—을 살펴보기도 한다. 맥락에 따라 'casa'의 가장 알맞은 번역어는 'house'일 수도 있고 'flat', 'apartment', 'place', 'home'일 수도 있다. 하지만 최적 대응쌍이라 해도 어떤 면에서는 불가피하게 서로 다를 것이다.

대개 독자들은 맥락을 헤아려 단어에 적어도 얼추 알맞은 의미를 부여한다. 사실 우리는 이런 식의 조정을 무의식적으로 항상 하고 있다. 배경이 알제리인 책을 읽는다면, 주인공이 생활하는 'house'는 이엉지붕, 돌출창, 현관문보다 크게 자라는 등나무가 있고 골조의 절반이 목재인 주택과 그다지 비슷하지 않으리라 짐작할 수 있다. 번역의 이 측면과 관련하여 소설가 크리스틴 브룩로즈(Christine Brooke-Rose)는 다중언어 소설 『사이Between』에서 우스갯소리를 한다. 영국인 주인공이 바티칸 사제를 도와 'cottage'의 번역어로 가장 알맞은 이탈리아어 단어를 찾는 장면이다(그들은 주인공의 로마 가톨릭식 혼인을 무효화하고자 분투하는 중이며, 공통어로 프랑스어를 쓰고 있다).

—Un cottage? Que voulez-vous dire, un cottage?

코티지? 코티지가 무슨 뜻인가요?

—Hé bien, mon père, une toute petite maison, à la campagne.

음, 신부님, 작은 주택이에요, 시골에 있는.

(…)

Un cottage. The pale fat priest-interpreter looks over his half-spectacles made for reading the sheafs of notes before him. Un piccolo chalet. Va bene così? Un piccolo chalet?

코티지. 창백하고 뚱뚱한 사제 겸 통역자가 반쪽짜리 독서용 안경 너머로 자기 앞에 놓인 메모 뭉치를 바라본다. 작은 샬레(스위스풍 시골집 또는 별장—옮긴이). 이거 괜찮나요? 작은 샬레?

—Va bene. Un piccolo chalet in Wiltshire.

괜찮아요. 윌트셔에 있는 작은 샬레.

'chalet'의 의미와 'cottage'의 의미는 여러모로 같지 않다. 영어 사용자에게 윌트셔에 있는 'chalet'라는 관념은 괴상한 것이다. 더욱이 'chalet'는 이탈리아어 단어조차 아니다. 그러나 사제에게는 이탈리아어 사용자들이 이해할 수 있는, '시골에 있는 작은 집'을 말하는 방도만 있으면 된다. 사제가 쓰고 있는 문서를 읽을 사람들이 이 맥락에서 이 'chalet'가 스위스풍이 아닌 영국풍 건축물임을 알아차리기만 하면 그만인 것이다.

맥락 속 단어

'chalet' 사례에서 이 단어의 의미는 어떤 문장 안에 있느냐에 따라 달라진다. 이런 일은 어디서나, 어떤 언어에서나 일어난다. 번역할 때 우리에게 중요한 것은 특정한 단어 자체의 개념적 의미가 아니라 우리 앞에 놓인 문장 안에서 그 단어가 갖는 의미다. 몇 가지 예를 들어보자.

I'll run away

나는 달아날 것이다

I run a company

나는 회사를 경영한다

I'll run some tests

나는 몇 가지 검사를 할 것이다

I'm running for office

나는 공직에 출마한다

My stockings have run

내 스타킹의 올이 나갔다

The ad will run in the paper tomorrow

그 광고는 내일 신문에 실릴 것이다

I'm going to run some errands

나는 몇 가지 심부름을 할 것이다

Let me run you a bath

내가 네 목욕물을 받아줄게

You're running a risk!

너는 위험을 무릅쓰고 있어!

이 문장들에 쓰인 'run'의 의미는 각기 판이하다. 다른 언어들로 'run'을 번역하려면 단어가 몇 개는 필요할 것이다 (예컨대 프랑스어라면 's'enfouir'(몸을 숨기다), 'diriger'(경영하다), 'mener'(추신하나), 'se présenter'(줄마하다), 'filer'(풀리다), 'être publié'(게재되다), 'faire'(행하다), 'faire couler'(물을 받다), 'courir'(무릅쓰다)를 사용해야 할 것이다). 번역자가 고립된 단어를 마주하는 경우는 좀처럼 없다. 오히려 번역자는 구, 문장, 문단, 장, 책 등 언어의 더 긴 단위들을 마주한다. 제일 적합한 번역어는 이런 더 넓은 맥락에서 제일 잘 기능하는 단어일 것이다.

이 모든 변주에도 불구하고 우리는 'run'에 대응하는 프랑스어 단어는 'courir'이고, 더 일반적으로 한 언어의 'X'에 대응하는 다른 언어의 단어는 'Y'라고 말하는 경향이 있다. 학교에서 언어를 배울 때 으레 우리는 좌우로 나란히 적은 영어 단어들과 외국어 단어들을 대응해 암기한다. 작은 이중어 사전들도 한 단어를 다른 단어의 등가(等價, equivalence)로 제시한다. 이 두 가지 요인 모두 한 단어가 다른 단어를 '의미한다'고, 가

령 'courir'가 'run'을 의미한다고 말하는 우리의 습관을 강화
한다. 이것은 지극히 효과적인 어휘 학습법이지만, 오해를 낳
는 편법에 의존한다는 데 유의해야 한다. 우리에게 주어지는
것은 'courir'의 의미가 아니다. 우리는 'courir'의 번역어로 쓰
일 수 있는 한 단어를 배우는 것이지 결코 전부를 배우는 게
아니다. 『옥스퍼드 영어 사전Oxford English Dictionary』 같은 큼직
한 사전들과 WordReference.com 같은 온라인 자료들은 'run'
이 여러 문장에서 여러 의미를 나타내는 여러 예를 들어가며
더욱 다채로운 그림을 보여줄 것이다. 그러나 언어 사용의 현
실은 그보다도 더 복잡하다. 단어는 언제나 새로운 맥락에서
사용되어 새로운 의미를 지니게 되고, 그런 새로운 맥락에 맞
게 번역되어야 한다.

50년 전에 언어학자 J. C. 캣퍼드(Catford)는 번역에 관한
이 진실을 이해하는, 지금까지도 가장 유익한 방법을 내놓았
다. 우리는 번역을 할 때 의미라 불리는 무언가를 한 언어에서
다른 언어로 나르는 것이 아니다. 외려 '주어진 상황에서 교
환 가능한' 단어들을 발견하는 것이다. 이탈리아인이 "torno a
casa"라고 말하는 상황에서 영국인은 "I'm going home"이라
고 말할 것이다.

번역을 이렇게 바라보는 시각은 언어들 간의 온갖 문법 차
이를 어떻게 다룰지 생각하는 데 도움이 된다. 언어들을 깔끔

하게 정렬할 때 문법 차이는 단어 차이보다도 걸림돌이 된다. 영어에는 단수형과 복수형이 있다. 고대 그리스어(그리고 아랍어와 이누이트어를 비롯한 몇몇 현대 언어)에는 단수형과 복수형, 그리고 양수형(兩數形)이 있다. 고대 그리스어로 ἀδελφώ가 싸운다고 적혀 있으면 이 단어가 두 형제임을 알 수 있다. 이 명사의 어미가 ἀδελφοί로 바뀌면 형제가 둘 이상임을 알 수 있다. 이 차이는 그야말로 번역이 불가능하다고 생각할 수도 있다. 그냥 'brothers'로 옮기면 뉘앙스가 사라지고, 그렇다고 'two brothers'(또는 'more than two brothers')로 옮기면 미세한 차이를 무거운 표현으로 바꾸는 셈이 된다. 캣퍼드의 주장은 상황에 가장 적합한 번역을 선택하려는 우리에게 자신감을 준다. 숫자가 중요해 보이는 상황에서는 'two brothers'가, 그렇지 않은 상황에서는 'brothers'가 최선의 선택일 것이다.

영어는 그리스어보다 프랑스어에 더 가깝지만, 영어의 문법과 프랑스어의 문법은 세계를 상이한 방식으로 정돈한다. 영국인 아이는 현재 시제와 미래 시제를 섞어 "When I'm big I'll be happy"("다 자랐을 때 나는 행복할 거야")라고 생각하지만, 프랑스인 아이는 똑같은 꿈을 전부 미래 시제로 표현해야 한다. "Quand je serai grand je serai heureux"("When I Will be big I will be happy"). 이것은 시제와 관련된 숱한 차이점들 중

하나일 뿐이다. 차이가 나는 또다른 영역은 명사나 동사를 선택하는 어구 표현법이다. 나는 영어로는 "when I get back"("나는 돌아올 때")이라고 말하는 데 반해 프랑스어로는 동사를 명사로 바꾸어 "a mon retour"("on my return")라고 말할 것이다. 어구 표현법은 캣퍼드 접근법의 장점을 실례를 들어, 그중에서도 독특한 어구인 '관용구'를 예로 들어 가장 분명하게 보여준다. 관용구를 이루는 단어들의 의미와 관용구 전체의 의미는 매우 다르다. 'Break a leg'는 단어들만 놓고 보면 '행운'을 의미하지 않는다. 그렇지만 특정한 상황에서 이 관용구는 '행운을 빌어!' 대신 쓰일 수 있다. 이와 마찬가지로 이탈리아어 관용구 'in bocca al lupo!'(문자 그대로 '늑대의 입속')도 '행운을 빌어!'를 대신할 수 있다.

관용구는 모든 언어에 스며드는 관용어법의 극치다. 영어 사용자들은 대체로 'thoroughly forbidden'(철저히 금지된)이나 'completely forbidden'(완전히 금지된)이나 'severely forbidden'(엄격히 금지된)이라고 말하기보다 'strictly forbidden'(엄격히 금지된)이라고 말한다. strictly와 forbidden이 으레 이런 식으로 함께 쓰여야 할 문법적 또는 의미론적 이유는 전혀 없다. 다른 언어들은 다른 단어 쌍을 선택한다. 가령 프랑스어는 'formellement interdit', 독일어는 'streng verboten', 이탈리아어는 'severamente proibito'를 고를 것이다. 당신이 이 구들을 다시 영어로 옮겨야 한다면 어떻게 하겠는가? 당신은 외국어 단어들 각각의 사전적 의미를 좇아 대부분의 맥락에서 그 단어들에 대응하는 영어 단어들을 선택할 수 있다. 이 방법을 택하면 당신은 'formally forbidden'(공식적으로 금지된), 'stringently forbidden'(엄중히 금지된), 'severely prohibited'(엄격히 금지된)로 옮길 것이다. 보통 '직역'이라 부르는 이런 번역은 여러모로 유용할 수 있다. 일례로 언어들 간의 차이를 부각하고 싶을 때 유용하다. 당신은 캣퍼드의 노선을 좇아 'strictly forbidden'을 택할 수도 있다. 이와 같은 상황에서 널리 쓰이는 영어 구이기 때문이다. 이런 번역은 보통 '의역' 또는 '자유역'이라 불린다.

'의미' 관념은 이런 번역 결정 과정에 어떻게 끼워넣어야 하는가? 'formellement interdit'는 'formally forbidden'을 의미한다고 말하는 게 나은가 아니면 'strictly forbidden'을 의미한다고 말하는 게 나은? 글쎄, 우리가 '의미한다'라고 말할 때 실제로 의미를 부여하는 것은 아님을 기억하자. 우리가 하는 일이라곤 다른 사람들이 이해하기를 바라며 영어 단어들을 제공하는 것이 고작이다. 그들이 이해하지 못하면, 설명의 형태로 단어들을 추가로 제공할 수 있다. 그러나 결코 '의미' 자체에 닿을 수는 없다. 'formally forbidden'은 'formellement interdit'라는 표현을 번역하는 데 반해 'strictly forbidden'은

'formellement interdit'를 사용하는 '발화' 또는 '발화 행위'를 번역한다고 말하는 편이 더 나을 것이다.

우리는 단어를 사전적 의미와는 전혀 다른 의미로 시시 때때로 사용한다. 그럴 때면 맥락이 관건이다. 내가 읽고 있던 책에 커피가 담긴 잔을 떨어뜨리고서 "Brilliant!" 하고 소리친다면, 내 말은 단어 'brilliant'의 사전적 정의(찬란한, 훌륭한, 뛰어난)와 아무런 상관도 없다. 내 발화가 의미하는 것은 'Damn!'(빌어먹을, 제기랄)의 사전적 정의에 훨씬 더 가깝다.

편지를 끝맺기 위해 사용하는 단어들은 또다른, 더 형식화된 예다. 'yours sincerely'(당신의 진실한 벗으로부터)라고 쓰는 사람이 어떤 애착이나 진실성을 특별히 주장하는 경우란 좀처럼 없다. 그저 서명하기에 앞서 편지를 끝맺는 발화 행위를 완수하는 표준 형식으로 이 표현을 사용할 뿐이다. 이런 상황에서 이 구의 관용적인 프랑스어 번역은 진실함과는 전혀 상관이 없다. 가능성 높은 번역 후보 중 하나는 'bien à vous'(당신에게 안녕을)다. 이탈리아인이라면 'cordiali saluti'(마음을 담은 인사)라고 쓸 것이고, 중국인이라면 '此致敬禮'(스쯔징리)라고 적을 것이다.

번역이 '주어진 상황에서 교환 가능한' 단어들을 제공한다는 관념은 판이하게 다른 이 구들이 어째서 서로의 번역으로 여겨질 수 있는지 이해하는 데 도움이 된다. 그럼에도 캣퍼드의 정의가 완벽한 것은 아니다. '번역은 무엇을 번역하는가'라는 물음과 관련하여 다룰 것은 이것 말고도 더 있다.

목적

모리스 앤드 스워드(Morris and sword) 춤〔영국 민속춤의 일종—옮긴이〕을 추는 클럽들의 연합인 모리스 링(Morris Ring)에서 당신을 번역자로 고용했다고 상상해보자. '지그(jig)'를 추기 전 준비 단계에 관한 다음 지침을 영어 외에 어떤 언어로 번역하는 것이 당신의 임무다.

(주름 없는) 양말을 위로 잡아당깁니다.

벨패드(bell pad)가 단단히 조여져 있는지 확인합니다(우리 모두 방울 달린 장식을 발목에 느슨하게 둘렀습니다). 확인했으면 벨패드를 가볍게 다룹니다—발을 흔들어 벨패드를 떼어낸 뒤 당신이 새로운 춤을 창작했다고 선언할 수도 있습니다. 실패하면 무소(muso)에게 연주를 멈추라는 신호를 보내고(그가 이미 웃느라 연주를 멈추지 않았다면요), 벨패드를 풀어 당신 모자 옆에 둡니다. 절대 던지지 않습니다. 무소에게 처음부터 다시 연주하거나 실패하기 전 적당한 시점부터 연주해달라고 합니다. 이렇게 하면 당신은 자신감을 회복할 겁니다.

당신 모자의 상태가 좋은지 확인합니다. 당신의 신발, 행키 (hanky), 태버드/벌드릭(tabard/baldric)이 깨끗한지 확인하고 그렇지 않으면 교체합니다.

당신의 탱커드(tankard)는 뒤에 둡니다.

얼마나 많은 사전지식이 당연시되고 있는지 보라. '지그'는 무엇인가. '벨패드'가 느슨해지지 않으려면 어디에서 조여야 하는가. '무소'는 누구인가. '모자'는 어디에 있을 것인가. '행키'와 '태버드/벌드릭'과 '탱커드'는 정확히 무엇이고 어떻게 사용해야 하는가.

따로따로 보면 이 난문들은 앞 단락에서 'scone'을 탐구하면서 확인한 곤경과 비슷하다. 모리스 춤의 용어들은 저마다 '실재물'의 한 조각을, 즉 영국 문화―그것도 영국 문화의 특수화된 갈래―특유의 물품을 가리킨다. 앞서 보았듯이, 이런 용어들에 대응하는 적절한 표현을 다른 언어에서는 찾기 어려운 경우가 많다. 이 용어들을 번역하려면 십중팔구 설명을 하거나, 영어 단어를 그대로 차용하거나, 둘 다 해야 할 것이다. 그런가 하면 모리스 춤 용어들을 통틀어 보면 또다른 어려움이 드러난다. 이 용어들은 모두 독특한 상황에 속해 있다. 실은 그 상황이 존재하는 데 저마다 일조한다. 다시 말해 모리스 춤은 이 용어들이 없다면 현재 모습대로 존속하지 못할 것이다. 그리고 이 상황 전체와 엇비슷한 상황이 다른 문화에 있을 가능성은 낮다. 따라서 번역문을 읽는 사람들은 대체 무슨 상황인지 상상하면서 이해하기가 어려울 것이다. (모리스 춤 애호가가 아닌 영어 독자들도 당혹스럽기는 마찬가지일 것이다.)

이 사례는 번역이 '주어진 상황에서 교환 가능한' 단어들을 발견하는 일을 수반한다는 관념에 문제가 있음을 드러낸다. 상황이 '주어지지' 않으면, 즉 무슨 상황인지 이해하기가 쉽지 않으면, 그래서 상황 자체를 번역해야 한다면? 캣퍼드가 그리는 상황들은 대체로 간단하고 떠올리기 쉬워 보인다. 예를 들어 캣퍼드는 파키스탄 북서부의 부루샤스키어에 '형제'와 '자매'를 의미하는 낱말이 없다고 설명한다. 그 대신 부루샤스키어 사용자들은 자신과 성(性)이 같은 동기(同氣)는 'a-cho', 성이 다른 동기는 'a-yas'라고 부른다. 캣퍼드는 '형제'와 'a-yas'가 같은 의미라고 말할 수는 없을지라도, 이를테면 누군가 자기 친척을 소개하는 상황에서 두 단어를 교환해 사용할 수 있다고 지적한다. 이런 상황은 별로 복잡하지 않아 보인다. 당신은 모국어 낱말로 친척을 소개하는 상황을 쉽게 상상할 수 있을 것이다.

그러나 모리스 춤 상황은 다르다. 가령 일본인 또는 터키인 번역자가 자국에 있지도 않은 상황에서 쓰이는 단어들을 어떻게 찾아 나설 수 있겠는가? 먼저 그 상황 자체를 번역할 필요가 있다. 방법은 다양하다. 번역자는 여러모로 다를 수밖에 없지만 모리스 춤과 적어도 몇 가지 요소를 공유하는 상황―이를테면 일본인은 오도리 춤, 터키인은 하라이 춤―을 찾을 수 있다. 그런 다음 지그를 추기 전 준비 단계를 새롭게 상상하고, '태버드'와 '벨패드' 등을 새로운 맥락에 적합한 장신구들로 대체할 수 있다. 이런 식의 문화적 전환은 어린이책 번역에서 드물지 않다.

그렇지만 모리스 링에서 번역을 의뢰한다면 이런 현지화 번역을 원하지 않을 것이다. 그들은 자신들의 독특한 춤에 관한 정보를 단연 중시할 것이다. 번역자가 그들의 요구를 충족시키는 방식은 어떤 독자를 염두에 두느냐에 따라 달라질 것이다. 영어를 구사하진 못해도 모리스 춤에 관해 그럭저럭 아는 사람들을 겨냥한다면, 번역자는 지침을 옮기면서 전문용어를 바꾸지 않을 것이다. 그러나 모리스 춤에 관해 모르는 새로운 독자의 관심을 끌려면 더 많은 일을 해야 할 것이다. 가령 '벨패드' 등을 이해할 수 있도록 설명하거나 사진을 보여주어야 할 것이다. 아울러 모리스 춤 일반에 관한 묘사를 본문에 집어넣거나 주(註)로 제공할 필요가 있을 것이다.

요컨대 우리는 단어들의 '상황'(또는 맥락)만을 고려하여 번역 방식을 결정하는 것이 아니다. 번역의 목적도 아주 중요한 고려사항이다(때로 이 '목적'은 독일 언어학자 한스 페르메르Hans Vermeer가 정립한 스코포스 이론Skopos theory을 가리켜 '스코포스'라 부른다). 번역은 목적에 따라 천차만별로 변하며, 우리 대부분은 자각조차 못할 만큼 이런 변주에 익숙하다.

자막, 연극, 광고의 목적

영화와 텔레비전 프로그램에서 자막의 목적은 관객과 시청자가 대화를 따라갈 수 있게 하는 것이다. 모든 낱말을 자막으로 옮기기엔 등장인물의 말이 너무 빠를 때가 많다. 더욱이 자막은 영상과 조화를 이루어야 한다. 장면이 전환되면 바뀌어야 하고, 프레임을 너무 많이 차지해서는 안 된다. 〈스파이럴Spiral〉로 영역된 프랑스 경찰 드라마 〈톱니바퀴Engrenages〉의 한 장면에서 입이 날랜 로르 베르토(Laure Berthau) 반장은 이렇게 말한다. "Il ne nous manque que l'address dans le seizième où le taxi l'a prise —c'est une question d'heures."("우리가 빠뜨린 건 그녀가 택시를 잡아탄 16구區의 주소뿐이야. 곧 해결될 거야.") 자막은 다음과 같다. "우린 곧 그녀가 택시를 잡아탄 주소를 알아낼 거야." 시청자들은 자막이 받게 되는 제약과 의도하는 목적을 암묵적으로 인정한다. 우리는 모든 대사를 언제나 빠짐없이 자막으로 옮길 수 있는 것은 아님을 당연시한다.

목적은 번역이 (우리에게 익숙한 느슨한 용어들을 사용해 말하자면) 직역과 의역 중에, 또는 (지난 장에서 논한 드라이든의 용어들을 빌리자면) '메타프레이즈'와 '패러프레이즈' 중에 어느 쪽에 더 가까울지 결정하는 주된 요인이다. 그리고 목적은 번역이 추구하는 자유 또는 충실함의 종류에 영향을 준다. 연극에서 번역의 주된 목적은 공연에서 기능하는 것이고, 따라서 극번역은 으레 극적 효과를 노린다. 토니 해리슨(Tony Harrison)이 번역한 아이스킬로스의 『아가멤논』은 1981년 런던 국립극장에서 공연되었다. 해리슨의 번역은 극이 시작되어 파수병이 입을 여는 순간부터 구어체와 리듬감을 드러낸다.

> No end to it all, though all year I've muttered
> my pleas to the gods for a long groped for end.
> Wish it were over, this waiting, this watching,
> twelve weary months, night in and night out,
> crouching and peering, head down like a bloodhound,
> paws propping muzzle, up here on the palace…
> 아직도 끝나지 않았구나, 내 오랜 간구를 끝내주십사

한 해 내내 신들께 빌었건만.

부디 끝났으면, 이 기다림이, 이 파수가,

고달픈 열두 달, 밤이면 밤마다

웅크린 자세로 경계하면서, 블러드하운드처럼 머리를 숙이고

두 앞발로 주둥이를 받친 채, 여기 궁전 위에서……

그에 반해 고전 작품의 원문과 번역문을 나란히 싣는 로브(Loeb) 문고로 출간된 앨런 H. 소머스타인(Alan H. Sommerstein)의 영역은 무엇보다 그리스어 읽기를 도우려는 번역이다.

I beg the gods to give me release from this misery—from my long year of watch-keeping, during which I've spent my nights on the Atreidae's roof, resting on my elbows like a dog, and come to know thoroughly the throng of stars of the night...

신들께 비오니 이 고역에서 벗어나게 해주소서. 긴긴 한 해 내내 저는 파수를 보면서 아트레우스 가문의 지붕 위에서 개처럼 팔베개를 하고 누워 밤하늘 별들의 집회를 속속들이 알게 되었나이다……

1877년, 시인 로버트 브라우닝(Robert Browning)은 또다른

목적으로 영역본을 출간했다. 브라우닝은 아이스킬로스가 얼마나 낯설고 어려운 작가인지, 고대 그리스 문화와 빅토리아 시대 영국 문화가 서로 얼마나 멀리 떨어져 있는지를 독자들에게 보여주려 했다.

The gods I ask deliverance from these labours,

Watch of a year's length whereby, slumbering through it

On the Atreidai's roofs on elbow,—dog-like—

I know of nightly star-groups the assemblage.

이 노고에서 벗어나게 해주십사 신들께 비나이다,

한 해 내내 파수 보며 허송세월했더니

아트레우스 가문의 지붕 위에 팔꿈치를 기대고서—개처럼—

밤하늘 별무리들의 집회를 알고 있지.

동일한 원천 텍스트를 옮긴 이 번역문들은 서로 다르다. 저마다 목적이 다르기 때문이다.

대개 광고는 상품을 판다는 아주 뚜렷한 목적을 가지고 있다. 그래서 광고 번역은 특히 이 목적의 달성에 이바지해야 한다. 2011년, 음료 기업 이노센트(Innocent)는 자사 브랜드를 붙인 새로운 오렌지주스를 출시하면서 그림 2와 같은 광고를 냈다.

2. 이노센트 음료 광고: 'Innocent's new squeeze'

핵심 요소들은 브랜드명 '이노센트', 광륜(光輪) 로고, 병 모양, 사람 얼굴처럼 보이는 오렌지와 미소처럼 보이는 한 조각, 그리고 'juicy'('과즙이 많은' 외에 '육감적인' 또는 '외설적인'을 의미할 수도 있는)와 'squeeze'(오렌지 과즙을 짜서 음료를 만드는 일뿐 아니라 남자친구나 여자친구를 의미하기도 하는)의 동음이의를 이용하는 말장난을 통해 브랜드와 연관짓는 쾌활하고 가벼운 성적 분위기 등이다.

2년 후에 같은 제품이 프랑스에서 출시되었고, 홍보를 위해 번역이 필요했다. 병 모양과 로고, 오렌지 이미지는 모두 그대로 사용할 수 있었다. 'innocent'가 영어 단어일 뿐 아니라 프랑스어 단어이기도 해서 브랜드명도 재사용할 수 있었다. 그러나 극히 중요한 말장난은 어땠을까? 'squeeze'와 'juicy'를 충실하게 번역하면 동일한 효과를 내지 못할 터였으므로 프랑스어 광고는 그림 3처럼 다른 노선을 택했다.

'Pressé avec amour'(사랑으로 짰어요)라는 문구는 가벼운 흥분을 자아낸다. 그렇지만 재치 있는 표현은 오른쪽 아래에 각주처럼 달린 'jus-ré'다. 'jus-ré'는 'juré'를 암시하며, 'juré'의 가장 적절한 번역은 아이들이 운동장에서 말할 법한 '난 장담해' 또는 '난 맹세해'다. 그림 4가 보여주듯이 'jus'를 이용한 언어유희는 다른 프랑스어 광고에서도 계속된다.

'jus t'aime'는 'je t'aime'(나는 너를 사랑해)와 거의 같다. 여

3. 이노센트 음료의 프랑스어 광고: 'Pressé avec amour'

4. 이노센트 음료의 다른 프랑스어 광고: 'Paris jus t'aime'

기 쓰인 단어들은 영어 광고의 문구와 딴판이다. 그러나 광고
의 분위기와 그 이면의 목적은 아주 성공적으로 번역되었다.

제 4 장

형식, 정체성,
해석

아이콘

이노센트 주스병 앞쪽의 그림도, 병 자체도 번역할 필요가 없다(그림 2, 3, 4 참조). 있는 그대로 영국에서 프랑스로 들여갈 수 있다. 그렇다고 해서 주스병의 그림과 모양에 의미가 없는 것은 아니다. 이노센트 주스병은 평균적인 주스병과 달라 보이며, 이는 일류 브랜드에서 만든 차별화된 제품임을 시사한다. 나팔꽃 모양의 병목은 포도주를 담는 유리병(carafe)을 닮아서 성인에게 어울리는 맛 좋은 음료임을 함축한다. 점 두 개로 눈을 대신한 오렌지 그림은 얼굴처럼 보이고, 초록색 광륜은 환경에 무해함을 나타낸다. 이 이미지는 스마일상(像) 이모티콘(☺)처럼 보이며, 오렌지로 얼굴을 표현하는 것은 다소 유치한 일이다. 이런 어린 느낌은 세련된 병 모양과 조화롭게 어우려져 다양한 소비자들의 관심을 끄는 데 일조한다.

이런 암시는 영국뿐 아니라 프랑스에서도 알아챌 수 있다. 그러나 이것은 이노센트 주스병의 모양과 이미지를 세계 어디서나 번역 없이도 이해할 수 있기 때문이 아니다. 오히려 프랑스 문화와 영국 문화가 포도주와 여타 과일주스, 휴대전화, 환경보호주의, 아동기의 이미지, 광륜을 낳은 그리스도교 성화상(聖畵像) 전통 등 아주 많은 것들을 공유하기 때문이다. 가령 사우디아라비아처럼 아랍어를 사용하고 그리스도교 상징주의를 낯설어하며 포도주 음주가 대체로 불법인 무슬림 국가에 이노센트 주스병을 들여간다면, 단어뿐 아니라 그림과 심지어 병 모양까지 번역해야 할 것이다.

기호학의 전문적 관용어법에서 그림과 모양의 의미는 '관습적(conventional)' 의미라고 불리기보다 '형상적(iconic)' 의미라고 불린다. 산 그림은 산처럼 보이는 반면에 단어 '산'이 '산'을 의미하는 이유는 언어 사용자들이 소리와 글자가 결합된 이 단어를 그런 목적으로 사용하기로 합의하기 때문이다.

그러나 '형상적' 의미와 '관습적' 의미의 차이가 절대적인 것은 아니다. 아이콘을 이해하는 데에도 학습과 동의가 어느 정도 필요하다. 빨간색이 위험을 의미하는 이유는 불꽃 색깔이기 때문이지만, 불꽃에는 오렌지색과 노란색, 둘 사이에 얼마나 많을지 모를 색조 등 다른 색깔들도 있다. 빨간색을 선택하고 위험이라는 특정한 의미를 붙여온 것은 사회적 관습이다. 빨간색 기호가 위험을 의미하는 상황과 맥락을 한정해온 것도 사회적 관습이다. 우리는 누군가 빨간색 티셔츠를 입었다고 해서 꼭 위험한 사람이라고 생각하진 않는다. 이노센트 음료병에도 형상적 측면과 관습적 측면이 섞여 있다. 그것은 포도주 유리병처럼 보이고, 오렌지 위 동그라미는 광륜처럼 보인다. 그러나 이 모양들이 포도주와 성스러움을 암시하는 까닭은 그런 문화 안에 있기 때문이다.

그래도 보통 단어보다 이미지를 이해하는 편이 더 쉽다. 그래서 형상적 의미와 관습적 의미를 결합한 기호 체계는 단순한 국제 언어가 될 수 있다. 스위스 제네바에 본부를 둔 국제표준화기구(ISO)는 164개국에서 사용하는 기호들을 창안한다. 여러분은 공항과 관광지에서 십중팔구 그런 기호들을 볼 것이다. 그림 5는 형상적 의미가 강한 상징에서 관습적 의미가 강한 상징으로의 단계적 변화를 보여준다.

왼쪽 '다이빙 금지' 기호는 형상적 의미가 아주 강하다. 다이빙을 어떻게 하는지 알고 다이빙 동작을 묘사하는 시각적 표현을 알아보기만 하면 이 기호를 이해할 수 있다. 가운데 '비상구' 기호는 덜 분명한 까닭에 맥락을 고려하여 해석할 필요가 있다. 가령 이 그림이 방공호 외부에 있으면 '입구'를 의미할 것이다. 이 기호를 건물 내부에서만 사용하도록 제한해

5. 국제 그래픽 상징들

서 어떤 의미를 의도하는지 알 수 있게 하는 것은 국제 협약이다. 오른쪽 '정보' 기호는 관습적 의미가 더욱 강하다. ISO는 정보 안내를 나타내는 적절한 이미지를 떠올리지 못해서 영어와 몇몇 언어에서 정보를 뜻하는 단어의 첫 글자 'i'를 선택한 것이 분명하다. 다른 언어 사용자들은 단어 'information'을 배우듯이 이 기호를 번역해 배워야 한다.

이집트 상형문자와 중국 한자 같은 일부 언어들의 표기체계는 뚜렷한 형상적 요소들을 포함한다. 그런 체계 중 하나로 북아메리카의 알곤킨족, 이로쿼이족, 수족이 사용한 문자가 있다. 그들은 속도는 나선으로, 전쟁은 X자로, 번영은 세로선 하나와 짧은 가로선 세 개로 나타냈다. 그림 6은 레나피 알곤킨족의 이른바 왈룸 올룸(Walum Olum, 붉은 기록)에서 발췌한 것이다. 16세기와 17세기에 만들어진 것으로 보이는 이 텍스트는 족장들과 그들의 위업을 열거한다(이 텍스트의 진본성을 둘러싼 논쟁이 있다). 고든 브라더스톤(Gordon Brotherston)은 텍스트를 번역하면서 그림글자의 배열을 영어 구조에 반영했다. 다시 말해 상징 하나를 한 줄로 죽 쓰고, 쉼표를 찍어 한 줄을 둘로 나누었다.

그림 표기의 형태를 영어로 조금이나마 흉내낼 수 있다는 사실은 문자언어에도 형상적 요소들이 있음을 보여준다. 중국어 및 관련 언어들에서는 문장에서 이야기하는 대상을 으레

160

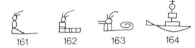

161   162   163   164

Great Beaver was sachem, remaining in Sassafras land

White-Body was sachem, at the Shore
Friend-to-all was sachem, he did good
He-Makes-Mistakes was sachem, he arrived with speed
At this time whites came on the eastern sea

6. 백인의 북아메리카 진입에 관한 알곤킨족의 서술, 17세기. 고든 브라더스톤이 전사 (轉寫)했고, 에드 돈(Ed Dorn)과 공동으로 번역했다. ('큰 비버'는 족장으로, 사사 프라스 땅에 남았다//'흰 몸'은 족장으로, 해안에 있었다/'모두의 친구'는 족장으로, 선행을 했다/'그는 실수를 한다'는 족장으로, 날쌔게 도착했다/이때 백인들이 동쪽 바다에 등장했다)

맨 앞에 둔다.

那棵樹葉子大, 所以我不喜歡

That tree [the] leaves [are] big so I don't like

저 나무는 잎이 커서 나는 좋아하지 않는다

영어에서는 물리적 근접성에 따라 형용사나 부사가 어떤 명사나 동사를 꾸미는지 결정된다. "I swim in the still lake"(나는 잔잔한 호수에서 수영한다)와 "I still swim in the lake"(나는 아직도 호수에서 수영한다)는 의미가 판이하다. 그에 반해 라틴어에서는 단어들이 한층 다양한 방식으로 배열되는데, 어미를 보고서 낱말들이 어떻게 연관되는지 알 수 있기 때문이다. 베르길리우스의 시행을 예로 들어보자.

maioresque cadunt altis de

montibus umbrae

[greater and fall high from

mountains shadows]

(『전원시Eclogues』 I , 84)

'maioresque'(더 큰)는 'umbrae'(그림자)를 수식하고, 'altis'

(높은)는 'montibus'(산)를 수식한다. 관용적인 영어 번역 — 예 컨대 "and longer shadows are cast by high mountains"(그리 고 높은 산이 더 긴 그림자를 드리운다) — 은 라틴어 단어들의 표 현 패턴을 바꿀 수밖에 없을 것이다.

만화와 운문 형식

우리는 늘 단어를 사용해 패턴과 모양을 형성한다. 신문 헤 드라인이 우리 눈길을 붙잡는 이유는 활자체가 크고 굵기 때 문이다. 웹사이트는 색채와 애니메이션을 이용해 우리 눈을 화면 곳곳으로 안내한다. 당신이 들고 있는 이 작은 책조차 장 제목, 소제목, 단락으로 독서를 구조화한다. 언어를 조직하는 이런 요소들은 병 모양처럼 문화마다 각양각색이긴 해도 보 통 번역하기가 그리 어렵지 않다. 문자를 읽는 방향은 표기체 계에 따라 다르다. 아랍어는 오른쪽 위에서 시작해 오른쪽에 서 왼쪽으로 읽는다. 중국어는 오른쪽 위에서 시작해 위에서 아래로 읽는다. 로마자는 왼쪽 위에서 시작해 왼쪽에서 오른쪽 으로 읽는다. 텍스트를 배열하는 방식은 이 표기체계들 간 번 역과 더불어 바뀐다. 같은 문자를 공유하는 언어들 간에도 차 이점이 있다. 일례로 책을 영어에서 프랑스어로 번역할 경우, 보통 차례 페이지의 위치를 책의 앞쪽에서 뒤쪽으로 옮긴다.

글과 형상적 패턴의 상관관계는 만화와 그래픽노블에서 더 복잡하다. 그림 7은 미야자키 하야오(宮崎駿)의 〈바람계곡의 나우시카風の谷のナウシカ〉를 데이비드 루이스(David Lewis)와 토렌 스미스(Toren Smith)가 영역한 만화를 보여준다. 일본어 지면 배치를 바꾸지 않았으므로 오른쪽에서 왼쪽으로 읽어야 한다. 주인공 나우시카는 자기 생각과 말을 표현하고 있을 뿐 아니라 어떤 목소리들을 듣고 있기도 하다. 여러 모양의 말풍선들은 이처럼 다양한 언어의 종류들을 구분하고 어떤 어감인지 직관적으로 알게 한다.

첫째 칸에서 팔각형 말풍선은 나우시카가 신경을 곤두세우고서 지금 벌어지는 사태를 이해하려 애쓰고 있음을 함의한다. 다음 칸에서는 평범한 생각이 표준 말풍선으로 표현되고 있지만, 그다음 칸에서 페인트를 뿌린 모양의 말풍선들은 소리치는 주인공이 불안해하고 있음을 시사한다. 셋째 칸에서 나우시카는 다시 평범한 말풍선으로 말하고, 평소 성격대로 충격에서 벗어나 연민을 보인다.

한편, 정체 모를 목소리들을 나타내는 삐쭉삐쭉하고 윤곽이 흐릿한 말풍선들은 그 음성의 일그러진, 환각과 같은 존재 양식을 시사한다. 셋째 칸에서 그 음성은 나우시카의 두 손 사이에서 일종의 빛—어쩌면 도깨비불이나 반딧불이—으로 변하는 것처럼 보인다. 하단의 두 칸은 일본어 글자들을 번역하지

7. 〈바람계곡의 나우시카〉, 미야자키 하야오 작화, 데이비드 루이스와 토렌 스미스 번역

않고 그대로 두었는데, 그것들이 이미지의 일부를 이루기 때문이다. 원문과 대조해보면 다섯째 칸의 음성은 'キイイン'('vweeeen'으로 번역)이고, 여섯째 칸의 음성은 'キュルルルル'('bwatatata'로 번역)다. 그럼에도 영어를 사용하는 독자는 일종의 정체 모를 소음, 또는 어쩌면 그저 소음을 내는 무언가가 나우시카를 쌩 하고 지나간다는 것을 알아챌 수 있다. 나우시카는 그것이 무엇인지 볼 수 없지만 마치 글자들이, 작은 소리 뭉치들이 자기 주변 공기를 가르고 날아가는 것처럼 무언가가 있다고 느낀다.

이어지는 칸들은 작화에 쓰인 모양들과 문자언어의 일부인 모양들 사이에 연속성이 있음을 보여준다. 이 점은 특히 다섯째 칸에서 분명하게 드러난다. 'AA!'로 번역할 수 있는 감탄사와, 영어와 일본어가 공유하는 느낌표 '!'가 어우러지고, 자간이 넓어 마치 나우시카를 공격하는 그림처럼 보이는 일본어 글자들이 번역되지 않은 채 시각적 구성의 일부를 이루고 있다. 말풍선 안에 있는 시각적 단서도 중요하다. 우리는 굵은 활자로 적힌 단어들(둘째 칸에서처럼)이 보통 활자로 적힌 단어들보다 강조된다는 것을 알아차리고, 홀로 한 줄을 차지하는 느낌표('killed/us/!')와 단어 끝에 붙는 느낌표('he/killed/us!')가 조금 다르다고 느낀다.

말풍선들을 배열하는 방식도 중요하다. 넷째 칸에서 나우시카가 삐쭉삐쭉한 말풍선들로 말할 때, 마치 첫째 칸의 역시 삐쭉삐쭉한 말풍선들의 에너지가 그녀의 목소리를 통해 나오는 것 같다. 그리고 둘째 칸에서 윤곽이 흐릿한 말풍선들은 나우시카의 얼굴과 생각을 에워싸는 패턴을, 일련의 시각적 압운을 만들어낸다.

이런 시각적 패턴은 영어와 일본어가 공유하는 이해의 관습에 의존하는 까닭에 번역하지 않고 놔둘 수 있다. 제2차세계대전 이후 일본 만화는 미국과 영국 만화의 영향을 받았고 그 역도 마찬가지다. 양쪽은 시각 언어를 공유한다.

시 장르의 형식은 만화의 형식과 놀라우리만치 유사하게 작동한다. 소네트를 비롯한 운문 형식들은 중세부터 유럽 언어들 사이에 널리 퍼져 대체로 통용되는 레퍼토리가 되었다. 〈나우시카〉 카툰의 형식과 마찬가지로, 시의 형식도 단어와 구문이 시각적·청각적 패턴과 협력하여 복잡한 의미를 생성하는 것을 가능하게 한다.

이런 이유로 시 번역자들은 〈나우시카〉 번역이 원작의 시각적 패턴을 보존한 것처럼 때로 원작의 압운 형식을 유지하는 길을 택한다. 하지만 이것은 손쉬운 결정이 아니다. 원천 텍스트의 압운을 재현하려면 다른 중요한 요소들을 희생시켜야 할 공산이 크다. 그리고 언어들마다 압운을 구사하는 성향이 달라서 동일한 시 형식이 언어에 따라 전혀 다르게 느껴지기도 한다.

단테를 옮긴 영어 번역자들이 좋은 사례다. 단테의 『신곡』
은 3운구법(terza rima)이라는 복잡한 압운 형식으로 쓰였다.
이 형식은 A-B-A, B-C-B, C-D-C, D-E-D 패턴으로 압운
이 반복된다. 『신곡』의 처음 여섯 행에서 이 형식을 확인할 수
있다(영역은 조금 뒤에 제시하겠다).

Nel mezzo del cammin di nostra vita	A
mi ritrovai per una selva oscura,	B
ché la diritta via era smarrita.	A
Ahi quanto a dir qual era è cosa dura	B
esta selva selvaggia e aspra e forte	C
che nel pensier rinova la paura!	B

우리네 인생길 한중간에
어두운 숲속에 있는 나를 발견했으나
올바른 길에서 벗어나 있었다.
아, 사납고 험하고 억센 그 숲이 어떠했는지
말하기란 그 얼마나 어려운가
생각만 해도 두려움이 되살아난다!

1행의 'vita'와 3행의 'smarrita'는 서로 운이 맞는다. 2행의

'oscura', 4행의 'dura', 6행의 'paura'도 서로 운이 맞는다. 5행의 forte는 이 인용문 이후 계속되는 새로운 세 단어 압운을 시작한다.

번역자에게 한 가지 선택지는 이 압운 형식을 영어로 재현하는 것이다. 이것은 난제이지만, 많은 이들이 도전에 나섰다. 그중 한 명인 범죄소설가 도로시 L. 세이어스(Dorothy L. Sayers)가 1949년에 번역한 『지옥편Hell』의 도입부는 다음과 같다.

Midway this way of life we're bound upon,

I woke to find myself in a dark wood,

Where the right road was wholly lost and gone.

Ay me! how hard to speak of it—that rude

And rough and stubborn forest! the mere breath

Of memory stirs the old fear in the blood;

위 시행들에서 분명 압운의 연쇄반응이 시작되고는 있지만, 연쇄를 일으키기 위해 원작의 다른 측면들을 바꾸어야만 했다. 단테는 자신이 인생길에 '묶여 있다(bound upon)'고 말하지 않는다. 그저 인생길의 한중간에 있다고 말할 뿐이다. 세이어스는 각운을 맞추기 위해 'upon'이 필요했던 것이다. 'smarrita' 한 단어를 대신하는 'wholly lost and gone'도 마찬가지인데, 'smarrita'에 대응하는 단어는 'lost'뿐이다. 단테는 '숨(breath)'이나 '피(blood)'에 관해 말하지 않는다. 이 단어들 역시 압운을 위해 집어넣은 것으로, 새로운 이미지를 들여온다. 이게 전부가 아니다. 동일한 압운 형식을 지킨다고 해서 운문의 느낌까지 같은 것은 아니다. 단테의 압운은 부드럽게 느껴지는데, 대부분의 이탈리아어 단어들처럼 단테가 사용한 단어들도 강세가 없는 음절로 끝나기 때문이다(끝에서 두번째 음절에 강세가 있는 이런 운은 '여성운feminine rhyme'이라 불리곤 하며 현대 전문용어로는 '파록시톤운paroxytonic rhyme'이라고 한다). 그리고 압운은 영어보다 이탈리아어에서 더 찾기 쉽다. 그래서 단테의 이탈리아어보다 세이어스의 영어에서 3운구법이 더 거슬린다. 세이어스의 3운구법은 반복 형식이라기보다 곡예다.

한 세기 전에 미국 시인 헨리 워즈워스 롱펠로(Henry Wadsworth Longfellow)는 단테를 번역하면서 다른 운문 형식을 택했다.

Midway upon the journey of our life

I found myself within a forest dark,

For the straightforward pathway had been lost.

Ah me! how hard a thing it is to say

What was this forest savage, rough, and stern,

Which in the very thought renews the fear.

롱펠로는 압운을 맞추려 묘기를 부릴 필요가 없었으므로 단어와 구문을 단테의 원문에 더 가깝게 대응시킬 수 있었다. 그렇지만 그 결과 3운구법의 리듬감이 사라졌다. 시의 형식이라는 난제는 우리에게 익숙한 진실을 보여주는 한 가지 극명한 예다. 번역은 결코 원천 텍스트의 어떤 요소든 정확히 재현하는 것이 아니다. 번역은 언제나 전환과 변경의 문제, 복제가아니라 변태(變態)의 문제. 압운 형식을 재현하려고만 해도반드시 어떤 차이가 생기기 마련이다.

문장 역시 똑같이 재현할 수 없다. 문장에도 형식이 있기 때문이다. 나는 지난날 번역에 도전했다가 쓴맛을 보고서 이점을 깨달았다. 대학원생 시절 나는 아치볼드 콜쿤(Archibald Colquhoun)이 1951년에 영역한 알레산드로 만초니(Alessandro Manzoni)의 19세기 걸작 소설 『약혼자들I promessi sposi』을 개역해달라는 의뢰를 받았다. 만초니는 만연체의 대가이며, 나는 영어 독자들을 위해 그의 문체의 흐름을 재현하려 했다. 쌍반점은 쌍반점으로, 온점은 온점으로 옮기는 등, 나는 영어와이탈리아어의 문장 구조를 최대한 가깝게 대응시키면서 번역을 시작했다. 그런 다음 편히 기대앉아 결과물을 읽었다. 끔찍

했다! 느낌이 전혀 달랐다. 이탈리아어가 폭포처럼 시원하게 흐른다면, 나의 영어는 고어서 응고될 지경이었다. 나는 구문을 조금 다르게 처리함으로써 만초니 글의 흐름을 더 잘 살릴 수 있음을 깨달았다. 운율과 압운 외에 다른 요인들도 시의 느낌에 영향을 주듯이, 산문의 흐름도 문장 구조의 문제에 불과한 것이 아니다.

정체성

롱펠로와 도로시 L. 세이어스는 단테의 작가 정체성에서 각기 다른 측면을 택해 영어로 나타냈다. 세이어스의 독자들은 3운구법 형식의 거장을 만나고, 롱펠로의 독자들은 소박하고 간결한 문체의 애호가를 발견한다. 우리는 물어볼 수 있다. 어느 쪽이 더 단테에 충실한가? 어느 쪽이 더 단테다운가? 답은 둘 다 똑같이 충실하다는 것이다. 단테의 작가 정체성은 복잡하며, 두 번역은 그 정체성의 각기 다른 면을 드러낸다.

이 간단한 소견은 번역에서의 정체성에 대한 통념에 도전한다. 이 주제에 관한 논의는 거의 언제나 원천 텍스트에 정해진 단일한 정체성이 있고 번역은 그것에 충실을 기하든지 그것에서 벗어나든지 둘 중 하나인 양 전제한다. 이 쟁점을 어떤 분석적 용어들로 기술하든, '이거 아니면 저거' 구도는 깨지지 않는다. 번역은 원문에 충실하든지 원문에서 자유롭든지 둘 중 하나라는 것이다. 같은 맥락에서 1813년 독일 철학자 프리드리히 슐라이어마허(Friedrich Schleiermacher)는 번역은 독자를 저자에게로 움직이든지(bewegt den Leser ihm entgegen) 아니면 저자를 독자에게로 움직이든지(bewegt den Schriftsteller ihm entgegen) 둘 중 하나라고 말했다. 현대 번역 연구의 용어를 사용하자면, '이국화(foreignizing)' 아니면 '자국화(domesticating)'다.

그렇지만 세이어스의 번역과 롱펠로의 번역 모두 이 이분법을 넘어선다. 세이어스는 3운구법을 사용한다는 점에서 원문에 '충실하고', '이국화' 방법을 취하고, '독자를 단테 쪽으로 움직이는' 셈이다. 그러면서도 어휘 선택이라는 면에서 보면 '자유롭고', '자국화' 방법을 취하고, '단테를 독자 쪽으로 움직이는' 셈이다. 롱펠로는 당시 영시에 흔치 않았던 소박한 문체로 쓴다는 점에서 원문에 '충실하고' '이국화' 방법을 택하는 셈이지만, 3운구법을 삼가고 무운시를 쓴다는 점에서 '자유롭고' '자국화' 방법을 택하는 셈이다. 일반적으로 말해 모든 번역이 마찬가지다. 다시 말해 모든 번역은 이국화와 자국화의 혼합이다.

여기에는 두 가지 기본적인 이유가 있다. 첫째, 모든 번역은 원천 텍스트와 수용 언어 및 문화 사이를 중재하기 때문이다. 원천 텍스트의 모든 특색과 이국성을 온전히 재현하는 번역은 불가능하다. 온전한 재현은 번역을 전혀 하지 않음을 의미할 것이다. 원천 텍스트를 완전히 자국화하는 번역도 불가능하다. 번역으로는 원문의 특색과 이국성을 남김없이 제거할 수 없다. 그렇게 하려면 원문과 전혀 다른 새로운 텍스트를 써야 할 것이다. 요컨대 모든 번역은 사이성(between-ness)이라는 조건에서 작동한다. 모든 번역은 중간지대에 거한다.

둘째, 원천 텍스트와 수용 언어—번역이라는 임자 없는 중간지대 양편의 독립체들—둘 다 복잡하고 규정하기 어렵기 때문이다. '이국'이라는 극이 있고 '자국'이라는 다른 극이 있으며 둘 사이에 단 하나의 선만 그을 수 있는 것이 아니다. '이국화' 또는 '자국화'의 정도는 단일 척도로 측정할 수 없다.

영어(또는 어떤 언어든)를 구사하는 방법이 얼마나 많은지 생각해보라. 요크셔 방언부터 런던의 다문화 영어까지 온갖 방언, 법정부터 술집까지 장소에 맞는 언어의 온갖 격식, 의학 언어부터 경마 전문가의 의견까지 온갖 사용역(使用域), 사람마다 다르게 쓰는 관용어, 수많은 문학 장르와 문체 등을 떠올려보라. 어떤 텍스트가 '자국화'된다고, 즉 어렵지 않은 익숙한 영어로 번역된다고 말하는 것은 물음을 회피하는 것이다. 어떤 종류의 영어인가? 누구에게 익숙한 영어인가?

그리고 입말이든 글말이든 원천 텍스트를 생산하는 방법이 얼마나 많은지 생각해보라. 나는 방금 언급한 언어의 종류들 중 무엇이든 사용할 것이다. 내가 거하고 세상에 나타내 보이는 '나'―즉 나의 정체성―는 내가 사용하는 언어에 따라 변할 것이다. 세계 인구의 대략 절반처럼 나는 둘 이상의 언어를 맥락이나 화제, 또는 변덕에 따라 습관적으로 바꿔 사용할 것이다. 이 경우 분명 언어는 정체성을 그저 전달하는 것이 아니라 구축하는 역할을 한다.

내가 나의 언어와 행위를 통해 구축하는 정체성은 청자와 독자, 사회 제도가 나의 말과 행위를 수용하는 방식에도 달려 있다. 누군가에게는 웃기는 농담이 다른 누군가에게는 싱겁게 들릴 것이다. 어떤 사람에게는 유익한 설명이 다른 사람에게는 거들먹거리는 설명으로, 또다른 사람에게는 이해 불능으로 들리기도 한다. 글에 관해 말하자면, 글은 갖가지 방식으로 받아들여지기 십상이다. 어떤 독자에게는 진부한 표현이 다른 독자에게는 적잖이 재치 있는 표현이고, 혹자에게는 명작이 혹자에게는 졸작이다. 내가 제법 잘 썼다고 생각한 기고문을 잡지사에서 퇴짜를 놓을 수도 있다. 새 일자리를 얻기 위한 지원서는 성공할 수도 실패할 수도 있다. 이 모든 반응은 정해진 맥락에서 정체성 규정에(또는 비판이론에서 선호하는 용어를 쓰자면, 정체성 '연기演技'에) 영향을 주는 과정들 중 일부다. 다시 말해 어떤 글이나 사람에 대해 어떠하다고 말할 수 있는 것들 중 일부다.

이것은 번역자가 번역할 정체성이 결코 정해져 있지 않다는 뜻이다. 읽는 행위, 해석하는 행위, 판단하는 행위, 어휘를 바꾸는 행위 등 번역을 구성하는 행위들은 번역을 통해 나타내야 할 정체성을 규정하는 과정에서 각기 역할을 한다(단테를 세이어스는 3운구법의 시인으로, 롱펠로는 소박한 문체의 시인으로 각각 규정한다). 번역자는 일부 측면을 상대적으로 더 *끄집어낼* 수밖에 없다. 번역자는 원문의 일부 측면에서 자극을 받아 '이국화' 전술을 택하여 수용 언어에 새로운 무언가를 더할 것이고, 다른 측면은 간과하거나 덜 주목받게 내버려둘 것이다. 그럴 때 번역자는 이국적 특색과 자국적 특색이 섞여 있는 어떤 문체를 수용 언어로 구축하는 것이다. 독자나 청자가 누구냐에 따라 그것은 불가피하게 더 '자국화'되거나 더 '이국화'된 문체로 보일 것이다.

번역의 맥락과 목적은 이 과정에 결정적인 영향을 끼친다. 망명 인터뷰는 인터뷰 받는 사람의 정체성 가운데 일부 측면을 확인하는 데 중점을 둔다―그러나 어디까지나 일부 측면이다. 중요한 것은 망명 신청자가 어디 출신이고 실제로 폭력이나 폭력 위협에 시달렸는지 여부다. 방언, 성별, 종족, 가족 집단 등 정체성의 다른 측면도 중요할 것이다. 그러나 개인의 말투나 글투, 특정한 솜씨나 취향은 중요하지 않을 것이다. 핀란드 이민국의 통역관용 지침은 제도적 맥락을 분명하게 보여준다.

당국이 국제적 보호를 신청하는 사람의 문제를 공정하게 결정할 수 있도록 망명 신청자의 문제를 다른 언어로 포괄적이고도 정확하게 통역해야 한다. 그러므로 통역관은 망명 신청자의 여생에 영향을 끼칠 상황에서 메시지를 주고받는 중대한 위치에 있는 것이다. 통역관의 직무는 한 언어에서 다른 언어로 메시지를 충실하고도 정확하게 통역하는 것이다.

통역관이 할 일은 문체나 관용구가 아니라 '문제'나 '메시지'를 전달하는 것이다. 그리고 '문제' 또는 '메시지'로 여겨지는 것은 망명 신청을 결정하는 데 쓰일 수 있는 사실들이다.

민족지 연구에서 중시되는 목적과 정체성의 측면은 전혀 다르다. 1870년대에 남아프리카에서 빌헬름 블레크(Wilhelm Bleek)와 루시 로이드(Lucy Lloyd)는 |아!쿵타(|A!kungta), ||캅보(||Kabbo), |항#카스오(|Hang#kass'o), 디아!콰인(Dia!kwain), !퀘이텐 타(!Kweiten ta), |카케낭(|Xakenang) 등 부시면족의 성원 몇 명을 인터뷰했다. 블레크와 로이드는 우선 부시면족이 말하는 !캄(!Xam) 언어를 배운 다음 그들의 문화를 이해하고 구전 이야기를 받아 적으려 했다. 이 활동을 둘러싼 정황은 폭

력적이었다. 당시 남아프리카는 영국인과 보어인의 제국주의에 종속되어 있었고, 블레크와 로이드가 부시먼족 대화 상대들을 만날 수 있었던 것은 단지 그들이 체포되었기 때문이었다. 그럼에도 이 잔혹한 환경에서 두 사람은 최대한 정중하고 주의깊게 인터뷰를 진행했던 것으로 보인다. 부시먼족 사람들은 두 사람의 집에서 생활하면서(감시를 받긴 했지만) 각자 수개월에 걸쳐 대화를 주고받았다.

부시먼족 사람들과 민족지학자들 모두 아프리칸스어를 겉핥기식으로 조금밖에 몰랐다. 처음에 그들은 사물과 그림을 손가락으로 가리키며 의사소통했고, 나중에야 블레크와 로이드가 부시먼족 단어들을 전사하고 배울 수 있게 되었다. 두 사람은 !캄어 특유의 흡착음과 후두음을 전사하기 위해 새로운 문자들을 고안해야 했다. 내가 언급한 이름들에 들어 있는 'ǀ'는 치 흡착음(dental click), 'ǃ'는 치경 흡착음(cerebral click, 혀끝을 윗잇몸에 댔다가 아래로 끌어내리면서 내는 음), 'ǂ'는 경구개 흡착음(palatal click, 혓바닥을 평평하게 경구개에 대고서 뒤로 당기면서 내는 음)을 가리킨다. 부시먼 이야기들을 전사하여 1911년 『부시먼족 민속의 표본Specimens of Bushman Folklore』으로 출간한 책에는 이 기호들 전부와 또다른 기호들이 사용되었다. !캄어 텍스트와 나란히 수록한 영역 텍스트의 단어들 사이에도 새로 고안한 기호들이 등장한다. ǁ캅보가 구술하고 로이드가 번역한 '새벽의 심장 별(목성)의 아내 !코-그!누인-타라 (!Ko-g!nuin-tara)' 이야기는 이렇게 시작한다.

> 그들은 !하켄(!häken)*을 찾았다, 그들은 !하켄을 파내고 있었다. 그들은 !하켄을 파내면서 !하켄을 골라냈다. 그리고 !하켄 유충들이 (작은 흙더미 아래 땅속으로) 들어가려 했을 때, 그들은 한데 모았다, 그들은 !하켄 유충들을 사냥터에서 골라냈다.

> *!하켄은 '쌀'(즉 '부시먼 쌀')을 닮았다. !하켄 유충은 '부시먼 쌀'과 비슷하다. !하켄은 먹는 것이다. 신선하다면 !하켄보다 맛 좋은 것은 없다.

이 번역은 영어 독자들에게 그들이 알지 못하고 명명하지 못하는 먹거리를 뜻하는 새로운 단어를 소개한다('부시먼 쌀'은 살아 있는 개미 유충이다). 그리고 !캄어 스토리텔링—또는 적어도 당시 ‖캅보가 전한 이야기—의 중첩적 표현법을 짐작하게 해준다.

망명 인터뷰에서는 이런 세부를 십중팔구 무시할 것이다. 그러나 우리는 이 민족지학 텍스트가 화자의 정체성에 더 충실한 번역이라고 말할 수 없다. 망명 인터뷰와는 다른 목적을 위해 다른 관습에 따라 정체성의 다른 측면을 끄집어낸 텍스트일 뿐이다. 물론 화자의 말을 경청해야 하고 실수하지 않도록 주의해야 한다. 이는 망명 인터뷰의 통역도 마찬가지다. 두 가지 번역 방식 모두 그럭저럭 잘 해낼 수 있다. 그러나 그럭저럭 잘 번역하는 것은 이미 정해진 고정된 정체성을 그럭저럭 정확하게 재현하는 문제가 아니다. 오히려 번역은 언제나 상황과 관계 속에서 펼쳐지는 정체성 연기에 참여하고, 그 연기를 다른 맥락, 시간, 언어로 확장한다.

해석

보통 번역서 서평자들은 번역 자체에 대해 피상적인 언급밖에 하지 않는다. 게다가 언급을 하더라도 대개 흠을 잡는다. 한 가지 주목할 만한 사례는 조르조 바사니(Giorgio Bassani)의 1962년 소설 『핀치콘티니가의 정원Il giardino dei Finzi-Contini』을 영역한 제이미 매켄드릭(Jamie McKendrick)의 2007년 번역서에 대한 서평으로, 〈타임스 리터러리 서플리먼트〉에 실렸다. 소설은 1930년대 이탈리아 페라라에서 유대인 10대들이 나눈 우정과 사랑을 묘사한다. 서평자 댄 건(Dan Gunn)은 매켄드릭이 번역한, 등장인물들의 입에서 나오는 영어 낱말들을 좋아하지 않는다. 건은 핀치콘티니처럼 교양 있는 가문의 사람들이 "그는 완전 쪼다처럼 보였어(he looked like a right little wimp)", "순 개소리(utter bullshit)", "절대 안 돼!(no way!)" 같은 표현을 사용하는 모습을 상상하기란 불가능하다고 본다. 그리고 미콜처럼 박식한 등장인물이 소설의 화자에게 "연인 집에서 **놀아나려고 잽싸게 가는 거지**(you make off to *make out*, round at your true love's)" 하고 말하는 장면을 "도무지 상상하기 어렵다"고 본다. 여기서 쟁점은 단어의 의미와 관련된 실수가 아니라 그보다 더 민감한 어조 문제다.

이탈리아어 문장과 매켄드릭의 번역문을 나란히 놓고서 마지막 인용문을 더 자세히 살펴보자. 볼로냐 대학에 다니는 남성 화자와 그보다 더 부유하고 세련된 여성 미콜이 전화로 수다를 떨고 있다. 화자는 미콜을 사랑하지만, 미콜은 그에게 친근감을 느낄 뿐이다.

Io, per esempio, appena posso prendo il treno e filo a Bologna…
[As for me, whenever I can, I take the train and make off to Bologna…]
나라면 갈 수만 있으면 언제든 기차 타고 볼로냐로 잽싸게 가서……

그러자 미콜이 말한다.

Filerai a *filare*, va'là, confessa ː dalla morosa'

[Go on, tell the truth, you make off to *make out*, round at your true love's]

어디, 사실대로 털어놔봐. 연인 집에서 놀아나려고 잽싸게 가는 거지.

미콜이 화자의 말을 자르고 끼어들어 농담조로 놀릴 때 긴 장감 가득한 두 사람 관계에 불꽃이 튄다. 미콜은 '넌 ~로 가다 또는 향할 것이다'를 뜻하는 'filerai'와 '~와 교제하다, 시시덕거리다, 사귀다'를 뜻하는 'filare'를 가지고 말장난을 하고, 비꼬듯이 점잖은 낱말 'morosa'('연인' 또는 '애인')를 골라 쓴다.

내게는 매켄드릭이 이 정체성 연기를 영어로 아주 성공리에 이어가는 것으로 보인다. 명제적 의미가 등가인 단어들을 선택했으나 두 사람이 주고받는 표현의 에너지를 뚝 떨어뜨린 윌리엄 위버(William Weaver)의 예전 번역보다는 분명 나아 보인다.

You slip off to see your girl friend, go on. Confess.

슬그머니 빠져나가 여자친구 보러 갔구나. 어디, 사실대로 말해봐.

그러나 서평자는 나처럼 보지 않는다. 내게는 대화의 어감을 탁월하게 전하는 것으로 보이는 매켄드릭의 번역이 그에게는 지나치게 속된 번역으로 보인다.

어떤 의견이 옳은지—또는 더 옳은지—를 두고 입씨름을 벌이고 싶진 않다. 중요한 것은 각자의 견해가 얼마나 특정한 해석에서 기인하는지를 확인하는 일이다. 이 등장인물들이 말하는 단일한 방식을 바사니의 글에서 그저 찾은 다음 그것과 비교하여 번역이 옳은지 그른지 판단할 수 있는 것이 아니다. 등장인물들의 발화의 함의는 우리가 텍스트를 읽는 가운데 맥락과 그들의 행위에 유의하여 직접 상상해야만 한다. 물론 나는 나의 해석이 댄 건의 해석보다 소설의 기조에 더 어울린다고 느낀다. 그러나 나는 그것이 해석임을, 즉 소설의 목소리를 각자 다르게 듣고 이해할 수 있음을 인정한다. '원본'에 대한 나의 감각은 해석과 번역 과정에서 생겨난다. 이 점은 다른 사람들도 모두 마찬가지다.

번역서 서평자들은 이 사실을 좀체 유념하지 않는다. 으레 그들은 번역자가 '원본'의 고유한 '어조' 또는 '정신'을 포착하는 데 실패했거나 성공했다는 이유로 번역을 꾸짖거나 칭찬한다(보통 꾸짖는다). 그러나 원본은 어조나 정신을 홀로 갖고 있는 것이 아니다. 독자들이 원본에 그런 특성이 있다고 상상하는 것이다. 사실 근본적으로 말해 '하나의 원본' 따위는 없다. 독자들과 상호작용하여 여러 해석을 낳는 원천 텍스트가 있을 뿐이다. 따라서 어떤 서평자가 어떤 번역이 "원본의 어조를 포착하는 데 실패"했다고 느낄 때 그 느낌의 실상은, 인쇄된 번역이 서평자의 마음속에 있는 암묵적 번역과 어딘가 다르다는 것이다.

명백한 오류의 결과가 아닌 한, 이 다양성을 즐길 수 있어야 한다. 당신이 어떤 책을 이미 읽은 후라면, 당신 독법이 옳다고 확인해주는 번역을 과연 원하겠는가? 번역은 동일한 텍스트가 다른 독자들에게 어떻게 보이는지를 놀랍도록 상세하게 보여줄 수 있다. 댄 건과 같은 서평자의 해석을 접하지 않는다면 당신은 그런 해석을 상상조차 못 할 것이다. 번역은 원천 텍스트가 감싸고 있는 의미의 뉘앙스를 열어젖힐 수 있다. 번역은 꽃봉오리를 활짝 피울 수 있다.

이 대목에서 우리는 상투 어구에 부딪친다. "모든 번역은 해석이다"는 "모든 의사소통은 번역이다" 못지않게 사람들 입에 자주 오르내리는 표현이다. (제2장에서 논한) 다른 통념과 마찬가지로, "모든 번역은 해석이다" 역시 일부만 참이다. 해석과 번역은 서로 얽히지만, 우리는 두 가지를 구분할 수 있다.

'해석'의 주된 관념은 원천 텍스트의 의미를 펼친다는 것이다. 보통 이 과정은 장르나 매체의 변화를 동반한다. 시 작품에 대한 해석은 대개 학술적인 글이거나 교내 에세이이고, 음악 작품에 대한 해석은 대개 연주다.

그렇지만 소설은 번역해도 소설이다. "모든 번역은 하나의 해석이다"라고 말하는 것은 번역본이 그 자체로 해석을 필요로 하는 텍스트라는 사실을 경시하는 것이다. 물론 모든 텍스트가 해석을 필요로 한다. 평론은 독자의 해석을, 음악 연주는 청자의 해석을 필요로 한다. 그러나 정도의 문제가 있다. 문학 텍스트는 엄청나게 다양한 해석에 열려 있다. 어떤 텍스트가 '문학'이라는 것은 곧 그에 대한 해석이 다양하다는 뜻이다. 평론은 독자에게 해석 선택지를 더 적게 준다. 한 가지 이유는 평론을 쓰는 방식에 있다. 전반적으로 보아 평론은 문학 텍스트가 하는 식으로 모호성, 허구성, 형식을 가지고 기교를 부리지 않는다. 또 한 가지 이유는 우리 모두 평론을 어떤 의도로 읽어야 하는지 알고 있다는 것이다. 우리는 시나 책, 예술품에 대한 견해를 얻기 위해 평론을 읽는다.

이런 보이지 않는 암묵적 지침은 입말과 글말을 막론하고 언어 전체와 관련이 있다. 언어 사용의 종류가 다르면 그것을 대하는 방식도 달라야 한다. 예컨대 장교의 명령을 들을 때 사병은 복종해야 한다는 것을 안다. 신문을 펼칠 때 우리는 보통 뉴스를 찾는다. 문학 텍스트에 대한 보이지 않는 지침서는 언어 사용의 다른 종류들에 대한 지침서보다 더 길고 더 산만하고 더 자기모순적이다. 우리는 시와 희곡, 소설을 가지고 온갖 일을 할 수 있음을 알고 있다. 가령 우리는 줄거리를 알려고 읽기도 하고, 감동받기도 하고, 즐거워하기도 하고, 가르침을 얻기도 하고, 평가를 내리기도 하고, 형식에 주목하기도 하며, 기타 등등을 한다. 문학 텍스트에 대한 해석이 언제나 곤혹스러운 이유가 여기에 있다. 그리고 문학 텍스트 번역이 그토록 복잡다단하고 생각이 꼬리에 꼬리를 물고 이어지는 작업인 이유도 여기에 있다.

다른 한편, 정치적 협상 자리에서 발언자는 대체로 의미 전달에 더 초점을 맞춘다. 그리하여 '구두 번역'을 뜻하는 '통역'과 글말 텍스트의 의미를 펼치는 행위를 뜻하는 '해석'이 서로 연결된다. 만일 해석자가 의미 전달만을 중시하는 발언을 해석한다면, 의미를 명확하게 밝히는 번역 형식―통역―이 적절할 것이다. 그러나 문학 텍스트를 둘러싸고 일어나는 일은 의미 전달 말고도 많다. 번역과 해석은 문학 텍스트를 각기 다른 방향으로 밀고 나아간다. 번역은 원천 텍스트의 연기를 다른 언어로 최대한 이어가려는 글쓰기 양식이다. 해석은 원천 텍스트의 의미를 펼치는 데 초점을 맞춘다. 문학 텍스트에 대한 해석을 훨씬 더 길게 해석해야 하는 경우는 별로 없을 것이다. 하지만 문학 번역이 갖가지 해석을 낳을 가능성은 다분하다.

번역, 해석, 독법 간의 이런 복잡한 상호 연관성은 특히 여러 언어를 사용하는 다국적 조직의 관행에서 찾아볼 수 있다. 유럽연합은 회원국들의 모든 공식 언어로 업무를 수행한다. 「유럽연합에 관한 조약The Treaty on European Union」의 최신 '통합본'은 불가리아어, 체코어, 덴마크어, 네덜란드어, 영어, 에스토니아어, 핀란드어, 프랑스어, 독일어, 그리스어, 헝가리어, 아일랜드어, 이탈리아어, 라트비아어, 리투아니아어, 몰타어, 폴란드어, 포르투갈어, 루마니아어, 슬로바키아어, 슬로베니아어, 에스파냐어, 스웨덴어로 존재하며, "이 언어들 각각으로 쓴 텍스트들은 똑같이 진본이다". 병렬 텍스트들은 번역하고 대조하고 협의하는 복잡한 과정을 거쳐 만들어진다. 이 텍스트들 각각은 정확히 원본도 아니고 정확히 번역본도 아니며, 저마다 다른 텍스트들과 최대한 가깝게 작성된다. 그러나 가까운 것이 곧 동일한 것은 아니다. 서로 다른 언어들이 있는 곳에는 필연적으로 서로 다른 의미들도 있을 것이다.

「유럽연합에 관한 조약」의 전문(前文)에 포함된 가장 기본적인 결의문을 예로 들어보자. 영어 결의문은 다음과 같다.

RESOLVED to continue the process of creating an ever closer union among the peoples of Europe...

유럽의 국민들 사이에서 그 어느 때보다도 가까운 연합을 만드는 과정을 계속하기로 결의했다……

그리고 똑같이 진본인 프랑스어 결의문은 다음과 같다.

RÉSOLUS à poursuivre le processus creant une union sans cesse
plus étroite entre les peuples de l'Europe…

그런데 'an ever closer union'과 'une union sans cesse plus
étroite'가 같을까? 이보다 나은 병렬 구들은 떠올리기 어렵
다. 이 맥락에서 'plus étroite'는 분명 'closer'의 번역이고 그
역도 마찬가지다. 그렇다 해도 이 단어들은 서로 조금 어긋난
다. 'étroite'의 두 가지 의미를 드러내기 위해 영어로는 두 단
어 'narrow'(좁은)와 'tight'(긴밀한, 단결한)를 사용한다. 'close'
는 'étroite'보다 '가깝다'와 '정서적 친밀성'이라는 함축이 더
강하다. 프랑스어로 누군가를 가깝게 느낀다고 말하고 싶다면
'étroite'가 아닌 'proche'를 사용해야 할 것이다. 그러므로 두
결의문을 제삼자에게 주고서 해석하게 하면, 서로 조금 어긋
나는 두 가지 유럽이 모습을 드러낼 가능성이 높다. 한 유럽은
정서적 연합을 강조할 것이고, 다른 유럽은 더 긴밀하게 연결
된 기구들을 강조할 것이다.

그러나 각기 다른 언어로 적힌 이런 병렬 조문들이 실제로
따로따로 해석되는 것은 아니다. 그것들은 한덩어리로 해석된
다. 유럽의회와 관련 기구들은 다 함께 거대한 '해석 공동체'

를 이루며, 이 공동체는 유럽연합이 수행할 수 있는 정치적·법적 조치라는 측면에서 'an ever closer union'과 'une union sans cesse plus étroite'를 비롯해 공식 언어들로 결의한 유사한 표현들이 다 함께 무엇을 의미하는지 결정한다. 요컨대 이 조문들이 단순히 서로 번역 가능하다고 해서 같은 의미를 갖게 되는 것은 아니다. 그에 더해 같은 해석 구조 안에 뿌리박고 있다는 조건이 필요하다.

번역은 해석과 같지 않다. "모든 번역은 하나의 해석"이 아니다. 그러나 번역과 해석은 긴밀히 얽혀 있다. 번역은 해석을 포함하고, 해석을 불러일으킨다. 그리고 앞으로 살펴볼 것처럼 해석이 있는 곳에는 권력이 있다.

제 5 장

권력, 종교, 선택

해석의 제국들

기원전 191년, 그리스 서부 아이톨리아의 사절로 로마에 파견된 파이네아스는 심각한 번역 실수를 저질렀다. 로마와의 전투에서 패한 아이톨리아는 화평을 청하고 있었다. 파이네아스는 아이톨리아인들이 로마인들의 '신의(fides)'에 자신들을 맡기기로 했다고 로마 집정관에게 전했다. 그리스 역사가 폴리비오스의 설명대로, 파이네아스는 자기가 하는 말의 의미를 몰랐다. 그는 라틴어 단어 'fides'가 그리스어의 유사한 단어 'πίστις'와 같은 의미이고, 로마인들과 'fides' 관계를 맺고서 장차 모종의 타협안, 서로를 존중하는 모종의 절충안에 도달할 수 있으리라 생각했다. 그러나 예상은 빗나갔다. 로마인들에게 자신을 'fides'에 맡긴다는 것은 곧 무조건 항복을 의미했다. 파이네아스는 동포 두 명을 넘기라는 말을 들었고, 사슬에 묶일 위기에 처했다.

파이네아스가 항의하자 집정관은 흥미롭게 응수했다. 집정관은 그리스인들이 'fides'와 'πίστις'를 어떻게 이해하든 자신은 별로 신경쓰지 않는다고 말했다. 중요한 것은 그리스인들이 패전했다는 사실, 그리고 자신이 명령하는 위치에 있다는 사실이었다. 파이네아스가 이 사안을 아이톨리아인들의 평의회에 상정했을 때, 그들은 로마 집정관의 말에 동의할 수밖에 없다고 생각했다. 정복자에게 복종해야 했다.

이 사건은 제4장의 끝부분에서 언급한 유럽연합 내 교섭과는 거리가 멀어 보인다. 유럽연합의 경우, 유럽 정치 프로젝트—다종다양한 사람들을 포함하는 하나의 해석 공동체를 형성하려는 기획—의 커다란 대화 기구가 각기 다른 언어로 적힌 조약문들 간 차이를 완화한다. 파이네아스 사건의 경우, 그리스인 공동체와 로마인 공동체는 서로 별개다. 두 공동체는 그저 다른 것이 아니라 적대 관계다. 유럽연합 회원국들은 교섭하는 관계이고 아이톨리아와 로마는 전쟁하는 관계다.

그러나 사실 두 경우는 동일한 기저 원리를 보여준다. 이 단어 또는 저 단어를 선택하는 권리는 단어의 의미를 결정하는 권력보다 덜 중요하다. 파이네아스가 번역을 제대로 했다손 치더라도 달라지는 건, 설령 있었더라도, 거의 없었을 것이다. 로마인들은 그의 말을 무시하거나 곡해하고 자기들이 원하는 대로 아이톨리아인들을 상대했을 것이다. 험프티 덤프티〔Humpty Dumpty: 루이스 캐럴의 『거울 나라의 앨리스』에 나오는 달걀 모양 캐릭터─옮긴이〕의 말마따나 의미에 관한 한 중요한 것은 "주인이 되는 것"뿐이다. 정치적 제국들은 언제나 해석의 제국들이기도 하다.

이 사례는 번역과 권력의 관계에 내포된 중요한 측면을 보여준다. 번역의 오류 또는 한낱 차이는 그 자체로는 그다지 중요하지 않다. 그것들의 영향은 어떻게 해석되고 사용되느냐에 달려 있다. 그럼에도 번역은 교섭하는 동안 주고받는 압력과 좁혀지지 않는 의견 차이를 드러내기도 한다. 문법적으로는 사소하지만 정치적으로는 중요한 차이를 보여주는 사례를 하나 살펴보자. 1967년 이스라엘-아랍 전쟁 이후 국제연합 안전보장이사회에서 채택된 결의안 242호다. 영어 텍스트는 "이스라엘 군대가 최근 분쟁중에 점령한 지역에서 철수(withdrawal of Israeli armed forces from territories occupied in the recent conflict)"할 것을 요구한다. 그러나 프랑스어와 아랍어 공식 텍스트에는 'territories' 앞에 정관사가 있다. 두 텍스트의 의미는 "withdrawal of Israeli armed forces from the territories occupied in the recent conflict"에 더 가깝다. 차이가 생기는 것은 어느 정도는 표기법 때문이다. 이런 구절을 (프랑스어는 아니지만) 아랍어로 정관사 없이 쓰면 이상해 보일 것이다. 그러나 정관사 유무에 따른 의미 차이도 있다. 'the territories'는 '그 지역 전부(all the territories)'를 함축하고, 'territories'는 '그 지역의 일부'만을 시사한다. 이 작은 표현의 차이에서 국가 간 목표와 전망의 차이가 엿보인다. 정황상 영어 텍스트는 일부러 느슨하게 썼을 것이다. 프랑스어와 아랍어 텍스트는 더욱 엄격한 결의안을 원하는 속내를 드러낸다.

지연 작용

번역 차이는 예상치 못한 여파를 불러오기도 한다. 오랫동안 여파를 미친 한 가지 사례는 1840년에 영국 왕실과 뉴질랜드 북섬의 마오리족 족장들이 체결한 와이탕기(Waitangi) 조약이다. 이 조약은 불의를 위해 번역을 동원한 사례로 자주 거론되며, 이런 견해에는 분명 진실이 담겨 있다. 영어 조약문에는 마오리족이 빅토리아 여왕에게 '주권'을 이양한다고 명시되어 있는 반면에 마오리족 조약문에는 통치권 또는 보호권과 더 비슷한 '카와나탕가'(kawanatanga)를 넘긴다고 적혀 있다. 하지만 당시 정황은 복잡했으며, 이 조약의 향후 역사는 예기치 않게 흘러갔다.

1820년대와 1830년대에 영국 정부는 뉴질랜드에 공식 제국을 수립하려는 노골적인 야망을 드러내지 않았다. 이 시기 영국은 '최소 개입' 정책을 고수했다. 그렇지만 1830년대 말에 이르러 뉴질랜드에서 정착민들이 폭력을 자행하고 민간 기업인 뉴질랜드 회사(New Zealand Company)가 토지를 교활하게 매입하고 있다는 보고가 영국 정부에 전해졌다. 게다가 프랑스가 뉴질랜드를 급습할 태세였다. 이런 이유로 영국 식민 장관 노먼비 경(Lord Normanby)은 마오리족과 조약을 맺고서 영국법으로 뉴질랜드를 규제하기 위해 윌리엄 홉슨(William Hobson) 해군 대령을 총독 대리로 파견했다.

선의로 행동하는 제국주의자의 머릿속에서 세차게 맞부딪치는 관념들을 이 계획에서 엿볼 수 있다. 노먼비는 마오리족을 진심으로 걱정했던 것으로 보인다. 그는 홉슨에게 마오리족이 "의도치 않게 스스로를 해치는 무지한 서명자가 되는 어떤 계약이든 허가하지 말 것"을 지시했다. 그러면서도 마오리족의 어느 누구보다도 홉슨이 그들 "스스로를 해치는" 일이 무엇인지 판단할 최적임자라는 생각을 당연시했다. (가령) 그들이 영국의 주권에 복종하지 않으려 한다면, 그런 비뚤어진 견해를 바로잡도록 그들을 설득하는 것이 홉슨의 임무가 될 터였다.

이런 제국주의적 전제들에 더해 뉴질랜드의 실제 상황 탓에 완전한 상호 이해는 기대하기 어려웠다. 영어 조약문 번역은 뉴질랜드 현지 선교회의 수장인 헨리 윌리엄스(Henry Williams)가 맡아 아들 에드워드(Edward)와 함께 밤새 작업하여 끝마쳤고, 이튿날 호출된 마오리족 500명과 파케하(Pakeha, 정착민) 200명은 번역된 조약문을 받아보았다. 윌리엄스는 자신이 확립 과정에 일조한 마오리족 글말로 영어를 번역했다. 1814년에 첫번째 선교단이 도착하기 전만 해도 마오리족에게는 입말밖에 없었다. 선교사들은 성서를 비롯한 그리스도교 문헌을 번역하기 위한 수단으로 철자법과 글말 문법을 발명한 다음 이 새로운 글말로 마오리족에게 종교서 읽는 법을 가르쳤다.

이렇게 해서 마오리족은 통치와 토지 소유에 관한 서양의 관념들을 그리스도교 문헌을 통해 이해하게 되었다. 따라서 윌리엄스는 와이탕기 조약을 번역하면서 선교사들의 종전 종교 번역에서 영향을 받았던 것이 틀림없다. '카와나탕가'는 '통치자'와 의미가 비슷한 기존 마오리어 단어 '카와'(kawa)를 토대로 선교사들이 직접 만든 용어였다. 그들은 성서를 번역하면서 빌라도가 행사하는 권위를 뜻하는 단어로 '카와나탕가'를 사용했다. 윌리엄스가 '주권'을 나타내기 위해 사용했을 법한 다른 단어로는 관할권 또는 족장권과 더 비슷한 '랑가티라탕가'(rangatiratanga)가 있었다. 하지만 그는 이 단어를 '소유권'의 번역어로, 즉 마오리족이 계속 보유할 그들 토지에 대한 통제권의 번역어로 사용했다.

그러나 어떤 마오리어 단어들을 골랐다 해도 오해나 엇갈리는 의사소통은 해소되지 않았을 것이다. 와이탕기 조약문에서 핵심적인 영어 용어들의 독특한 의미는 영국 정계와 법조계에서 유래한 것이었다. 다시 말해 특정한 해석 공동체와 맞물려 있었다. '랑가티라탕가'와 '카와나탕가'를 바꿔 썼다면, 마오리 족장들은 영국측 주장의 구속력을 더 강하게 감지했을 것이다. 하지만 둘 중 어떤 단어도 영국의 주권(sovereignty) 개념에 담긴 권리와 의무의 특수한 결합을 포착하지 못했을 것이다.

윌리엄스는 법률가가 아니어서 자기가 놓친 번역상 미묘한 점들을 이해하지 못했을 것이다. 이튿날 한자리에 모인 군중과 함께 번역했다면, 분명 그는 그들이 더 받아들일 만한 텍스트를 내놓았을 것이다. 노먼비와 홉슨처럼 윌리엄스도 조약의 정확한 용어들이 어떻든 조약에 서명하는 것이 마오리족에게 가장 득이 된다는 그리스도교적·제국주의적 신념을 갖고 있었다. 결국 그는 구두 설명과 동의가 중요하다는 마오리족의 견해에 영향을 받았던 것인지도 모른다. 교섭하는 동안 군중의 찬성을 이끌어낸 것은 글말에 대한 세밀한 분석보다 윌리엄스의 호언장담이었던 것으로 보인다(사람은 700명인데 문서는 한 장뿐인 마당에 어떻게 그렇지 않을 수 있었겠는가?)

이렇게 해서 마오리 족장들은 2000년 전 파이네아스처럼 무슨 뜻인지 충분히 파악하지 못한 채 각자 이름을 써넣었다. 그들 중 카이타이아 족장 나페라 파나카레아오(Napera Panakareao)가 이해한 조약을 영어로 표현하면 다음과 비슷하다. "땅의 그림자는 빅토리아 여왕에게 넘어가지만 실체는 계속 우리 것이다(the shadow of the land goes to Queen Victoria but the substance remains with us)." 영어 조약문은 사뭇 다른 말을 하고 있었다.

와이탕기 조약에서 번역 차이는 양측의 오해를 드러낸다. 그러나 파이네아스의 경우와 마찬가지로, 그 오해는 후속 사태와 관련하여 결정적이지 않았다. 뒤이은 수십 년간 영국 정착민들은 마오리족의 권력과 재산을 꾸준히 빼앗는 조치들을 시행했다. 작물을 기르지 않는 땅에 세금을 물리고 미납하면 토지를 몰수했는가 하면 마오리족이 거의 완전히 배제된 자치 제도를 수립했다. 하지만 그들은 분쟁할 여지가 있는 조약 문구에 구태여 호소하지 않았다. 그저 자기네 권력이 우세하다고 자신했다.

그런데 1970년대 들어 뉴질랜드 정치에서 와이탕기 조약이 다시 중요해지기 시작했다. 마오리족은 토지 강탈에 항의하며 마오리어 조약문, 그리고 이것과 영어 조약문의 차이를 논거로 들었다. 1975년 와이탕기 조사위원회(Waitangi Tribunal)가

설립되어 그간의 부당한 조치를 조사하고 정부에 조정안을 권고했다.

번역은 권력에 고개를 숙일 수도 있고 불의의 길을 닦을 수도 있다. 그러나 그렇게 할 때 번역은 불의를 볼 수 있게 한다. 이것은 권력의 풍경, 따라서 해석의 풍경이 바뀌기 시작할 때, 번역의 어긋남과 차이를 활용할 수 있음을 의미한다. 번역은 처음 섬겼던 권위에 맞서 들고일어날 수 있다.

신의 말씀

뉴질랜드에서만 영어 성서(물론 이 자체도 번역본이었다)가 다른 언어로 번역되고 있었던 것은 아니다. 다른 많은 나라들에서도 많은 선교사들이 번역을 통해 복음을 전하려 애쓰고 있었다. 그리고 그들은 오늘날에도 기쁜 소식을 전파하고 있다. 미국의 어느 복음주의 웹사이트에 따르면 성서 전체가 500개 언어로, 일부가 다른 1300개 언어로 번역되었으며, 또 다른 2300개 언어로 번역하는 프로젝트가 시작된 것으로 보인다. 이는 입이 쩍 벌어질 만큼 야심차고 품이 많이 드는 기획이다. 그 언어들 다수는 입말이었다(또는 지금도 입말이다). 그 입말 언어들에서 성서는 최초로 번역된(또는 번역될) 책일 뿐 아니라 최초로 표기되고 인쇄된 책이기도 하다.

성서 번역을 위해 문자와 글말 문법을 고안한 경우 엉뚱한 결과물이 나오기도 한다. 1800년대 초에 말레이시아에서 작가 압둘라 빈 압둘 카디르(Abdullah bin Abdul Kadir)는 거의 한 세기 전에 네덜란드 설교자 겸 의사 멜히오르 레이데커르(Melchior Leydekker)가 옮긴 성서 번역본을 우연히 발견했다. 레이데커르는 처음에는 로마자를, 나중에는 아랍어 문자를 사용해 말레이어 입말을 표기했다. 숙련된 언어학자였던 압둘라는 활자체로 표기된 말레이어를 처음 봤음에도 낱말들을 쉬이 읽을 수 있었다. 그러나 구두점과 관용구가 이상하게 느껴졌다. "내 귀엔 온통 괴상하게 들려 '이건 백인의 책이다'라는 말이 절로 나왔다."

오늘날 선교사들은 압둘라 빈 압둘 카디르를 언짢게 했던 어색한 번역을 피하려 애쓰곤 한다. 선교 번역의 권위 있는 이론가 유진 나이다(Eugene Nida)는 수용 언어로 듣기에 자연스러우면 무엇이든 사용하고 그에 맞추어 성서 텍스트의 문화적·교리적 세부 특성을 변경할 것을 권한다. 영어 단어 'redemption'(구속救贖)을 서아프리카의 바마브라 언어로 옮기려면 문자 그대로 "신께서 우리 머리를 빼내셨다"(즉 노예의 목에 채운 쇠고리에서)는 뜻과 비슷한 용어로 번역해야 한다. 킹제임스 성서의 구절 "거룩한 입맞춤으로 서로 인사하십시오(salute one another with a holy kiss)"를 오늘날 미국에서는 "서로 정답게 두루 악수하십시오(give each other a hearty handshake all round)"로 옮기기도 한다.

선교사들이 이런 유연한 번역 관행을 택할 수 있는 이유는 그들의 전체 기획이 신의 승인을 받는다고 느끼기 때문이다. 그들의 소임은 독자들에게 성스러운 텍스트를 정확히 이해시키는 것이라기보다 그들을 설득해 신자 공동체에 입회시키는 것이다. 어느 역사가가 말한 대로 "그 기획이 수반하는 왜곡보다 접근성이 더 중시되어왔다". 얼마나 엉성하든 성서 번역이 "거의 언제나 성서에 다가가려는 사람들의 순익으로 귀결"되어왔기 때문이다('순익'을 내지 못한 시절은 굳이 따지고 들지 않는다).

그러나 성서를 번역하면서 교리 차이까지 뭉뚱그릴 경우 '왜곡'—더 흔하게 사용하는 낱말로는 '변경'—은 중대한 문제가 되기도 한다. 침례교도 윌리엄 캐리(William Carey)는 18세기 말과 19세기 초에 인도 캘커타(오늘날 명칭은 '콜카타'—옮긴이)에서 성서를 벵골어와 산스크리트어 등 인도 언어들로 많이 번역했다. 하지만 그는 성공회 산하 성서공회의 반감을 샀는데, 세례시 온몸을 물에 담가야 한다는 신앙에 따라 'baptise'(세례를 베풀다) 대신 'immerse'(침례를 베풀다)를 번역어로 택했기 때문이다.

얼추 같은 시기에 중국 마카오와 광저우에서는 'God'을 어떻게 번역해야 하느냐는 논쟁까지 벌어졌다. 교황은 가톨릭교도들에게 번역어로 '천주(天主)'를 사용하라는 지시를 내렸다. 이 단어는 유교나 도교, 불교의 믿음을 연상시키지 않았지만, 그런 만큼 대다수 중국인에게 익숙하지 않은 용어였다. 장로교도 로버트 모리슨(Robert Morrison)은 신적 존재를 통칭하는 '신(神)'을 선호했지만, 19세기 중엽 그의 번역을 개정한 개신교 성서 '통합본'은 '신' 대신 유교적 용어인 '상제(上帝)'를 번역어로 채택했다. 각 번역어의 지지자들은 편을 갈라 수백 쪽에 달하는 글로 논쟁했음에도 도무지 합의에 이르지 못했다. 그 결과 저마다 다른 번역어를 고집하는 그리스도교 교파들이, 즉 "오늘날까지도 신 개신교도들과 상제 개신교도들에 더해 천주 가톨릭교도들까지" 존재하게 되었다.

이 중국 시나리오는 그리스도교 역사에서 번역이 수행해온 기능의 근본적인 측면을 드러낸다. 새 성서 번역본은 그것을 소유한 공동체의 신앙을 구현하는 텍스트로 비치곤 했다. 번역본이 원본과 같은 위상을 부여받았던 것이다.

성스러운 책들

중세 이래 로마 가톨릭교회에서 원본과 같은 위상을 누렸던 번역본은 4세기 후반에 주로 성 히에로니무스가 히브리

어와 그리스어 텍스트를 라틴어로 옮긴 불가타(Vulgata) 성
서다. 성서는 점차 토박이말로도 번역되기 시작했다. 번역본
이 어떻게 비칠지는 맥락에 달려 있었다. 교회는 수도원에서
성서 주해 작업의 일환으로 원문 일부와 번역문을 나란히 배
치한 텍스트에는 흡족한 태도를 보였다. 그러나 교회의 성서
해석 권위에 도전이라도 하듯이 번역문만 수록한 텍스트는
문제시했다. 예를 들어 영국에서 존 위클리프(John Wycliffe,
1320~1384)와 그의 추종자들이 영역한 성서를 가진 사람은
사형에 처해질 수 있었다.

인문주의라 알려진 고전적 학식이 부활하던 16세기 초, 교
회를 개혁하려는 운동들 덕에 새로운 성서 번역본들이 출현
할 여건이 조성되었고, 새로운 인쇄술 덕에 그 번역본들이 널
리 유통되었다. 1520년대에 마르틴 루터는 프로테스탄트 종
교개혁을 촉발한 신학적·제도적 논전의 일환으로 성서를 독
일어로 번역하고 있었다. 루터를 보고서 용기를 얻은 윌리엄
틴들은 새로운 성서 영역에 착수했다. 런던 주교가 이 계획을
금지한 탓에 틴들은 번역을 수행하기 위해 함부르크로, 뒤이
어 보름스로 이주해야 했다.

틴들의 번역본이 출간되기 시작하자(신약을 시작으로 몇 부
분으로 나뉘어 출간되었다) 토머스 모어가 교회 당국을 대표하
여 공격에 나섰다. 흥미로운 점은 모어가 틴들 번역의 오류

에 초점을 맞추지 않았다는 것이다. 오히려 모어는 교회 공동체에서 자기네 믿음과 실천을 가리키기 위해 관습적으로 사용해오던 단어들이 아닌 다른 단어들을 고른 틴들의 선택을 공격했다. 틴들은 번역어로 'grace'(은총)가 아닌 'favour'(호의), 'charity'(애덕)가 아닌 'love'(사랑), 'church'(교회)가 아닌 'congregation'(회중), 'priest'(사제)가 아닌 'senior'(윗사람), 'confess'(고해하다)가 아닌 'acknowledge'(인정하다)를 택했다. 신자들이 틴들의 번역본을 주의깊게 읽었다면 기성 교회의 제도를 위한 청사진이 아니라 개신교의 신심을 가리키는 무언가를 발견했을 것이다.

16세기 말에 일군의 가톨릭 신학자들은 불가피한 현실을 마지못해 받아들였다. 그들은 가톨릭 공동체의 믿음과 관습을 구현할 번역본, 따라서 틴들의 성서와 여타 개신교 및 성공회 성서들과 확연히 차별화될 번역본을 내놓기 위한 작업을 시작했다. 랭스두에(Rheims-Douai) 성서라고 알려진 이 영역본에는 'daily bread'(일용할 양식) 대신 'supersubstantial bread'(초실체적 양식), 'Holy Ghost'(성령) 대신 'Paraclete'(위로자, 보혜사保惠師)가 쓰였다. 유진 나이다가 권한 방법과 정반대되는 선택이다. 이런 번역어들 탓에 평범한 영어 독자는 다른 어떤 번역본보다도 랭스두에 성서를 이해하기가 어렵다. 랭스두에 성서는 이런 생소하고 신성한 단어들의 의미를 보존하고 해설하는 데 사제직이 필요하다는 확신을 구현하고 있다.

이 모든 경우에 번역어 선택은 해석 공동체의 믿음에 대항하는 한에서 문제가 된다. 앞서 살펴본 정치적 조약 번역의 사례들과 방금 살펴본 성서 번역의 사례들에 동일한 원리가 적용되는 것이다. 가장 극명한 사례는 성서 역사에서 가장 유명한 번역어 결정이기도 하다. 루터는 「로마서」 3장 28절을 번역하면서 사람은 행위가 아니라 '오직 믿음을 통해(alleine durch den Glauben)' 의로워진다고 쓰기로 결정했다.

논쟁적인 단어는 루터가 집어넣은 'alleine', 즉 '오직'이다. 루터는 선행을 통해, 또는 믿음으로 고취된 선행을 통해서가 아니라 오직 믿음을 통해 구원에 이르는 것이라고 역설한다. 이 번역을 방어하면서 루터는 다양한 주장을 폈다. 우선 'alleine durch den Glauben'은 독일어의 평범한 관용구라고 말했다. 여기서 'alleine'를 빼면 부자연스럽게 들릴 터였다. 'alleine'가 있고 없고의 차이는 앞서 살펴본 안전보장이사회 결의안 242호의 'territories'와 'the territories'의 차이와 비슷하다. 또한 루터는 자신의 번역이 교황의 분노를 사지 않은 종전 해석들에 부합한다고 주장했다. 옳은 주장이었다. 성 토마스 아퀴나스처럼 흠잡을 데 없는 가톨릭 권위자마저도 「로마서」 3장 28절을 번역하면서 '오직'에 상응하는 라틴어 단어 'sola'를 집어넣어 'in sola fide'로 옮겼기 때문이다.

두 번역의 차이는 맥락에 있다. 루터가 번역한 구는 로마 가톨릭교회라는 해석 공동체에 도전하여 대안적 해석 노선을 만들어내려는 노력의 일환이었다.

많은 성서 번역자들은 판본이 다양한 편이 좋다는 것을 알아챘다. 킹제임스 성서 번역자들은 서문에 "번역의 다양성은 경전의 의미를 알아내는 데 이롭다"라고 썼다―그럼에도 그들이 내놓은 성서는 성공회의 하나뿐인 신성한 책이 되었다. 성공회 공동체의 의례와 믿음을 구현한 정본으로 공인받은 뒤, 킹제임스 성서는 임시 번역본 지위에서 차차 벗어났다.

이런 상황은 어느 정도는 킹제임스 성서를 찍어낸 인쇄술 덕분이었다. 성공회 교회에 가면 킹제임스 번역본을 볼 수 있었을 것이고, 자기네 성서를 원한 신자들은 십중팔구 그 한부―신성한 책 한 종―로도 족하다고 생각했을 것이다. 오늘날 그리스도교도는 수많은 텍스트를 쉽게 비교하도록 돕는 여러 웹사이트에서 어떤 성서든 그 자체로 하느님의 말씀이 아니라 하나의 번역본에 불과하다는 것을 확인할 수 있다.

사실 무슬림 세계에서는 번역본을 시종일관 이렇게 이해해왔다―따라서 인쇄술은 완전한 설명이 되지 못한다. 흔히들 꾸란 번역을 금한다고 생각하지만 실제로는 그렇지 않다. 이슬람의 초창기부터 꾸란은 입말이나 글말, 필사본, (결국) 인쇄물 형태의 번역본들을 통해 해석되고 설명되었다. 예컨대 꾸란을 페르시아어로 옮긴 유명한 초기 번역본이 몇 종 있다. 차이점은 이들 번역본을 자리매김시키고 이해하는 방식에 있었다(지금도 마찬가지다).

각 번역본은 새롭고 신성한 텍스트가 되지 못한다. 그리스도교 세계에서 어느 번역본이 '정본 성서'가 되는 식으로 이슬람 세계에서 어느 번역본이 '정본 꾸란'이 될 수는 없다. 오히려 번역본들은 예로부터 아랍어로만 적어온 신성한 텍스트를 이해하는 데 도움이 되는 것으로 여겨진다. 보통 번역본은 무함마드가 받아 적은 아랍어 구절들의 행간에 인쇄하거나 병렬 텍스트로 인쇄한다. 이 관점에서 보면 번역본은 원본을 대신하는 것이 아니라 원본에 주목하게 한다. 번역본 자체는 '신의 말씀'의 위상을 얻을 수 없다. 다만 신의 말씀이 인간의 다른 말로 어떻게 해석될 수 있는지 보여줄 뿐이다.

검열받는 번역

성공회와 영국 당국은 틴들의 성서 영역본을 좋아하지 않았다. 그들은 1520년대에 틴들 성서가 출간되자마자 억압하기 시작했다. 서적상들에게 틴들 성서를 들여놓지 못하게 했고, 발견하는 족족 불살랐다. 결국 틴들 역시 붙잡혀 그의 책처럼 불태워졌다(그렇지만 오로지 번역 때문만은 아니었다. 틴들은 헨리 8세의 이혼 계획을 비판한 전력까지 있었다).

1991년, 또다른 번역자가 칼에 목과 얼굴을 수차례 찔려 피살되었다. 살만 루슈디(Salman Rushdie)의 소설 『악마의 시The Satanic Verses』를 일본어로 옮긴 이가라시 히토시(五十嵐一)였다. 이 소설은 일부 무슬림들을 성나게 했으며, 격분한 이란 지도자 아야톨라 호메이니는 이 책의 출간에 관여한 사람이면 누구든 살해하라고 지시했다. 이가라시 살해범(이제껏 법의 심판을 받지 않았다)은 틀림없이 호메이니의 명령을 수행한다고 생각했을 것이다. 그 명령은 이탈리아어 번역자 에토레 카프리올로(Ettore Capriolo)와 노르웨이 출판업자 빌리암 뉘고르(William Nygaard)에 대한 공격으로 이어졌다.

물론 어떤 책이든 적대감에 직면할 수 있다. 그러나 번역물은 시대를 막론하고 민감한 청중과 억압적인 당국의 분노를 유발하는 경향이 있다. 외부에서 내부로 생각을 들여오기 때문이다. 오늘날 사우디아라비아 정권 같은 독재 정권들은 인터넷을 필터링할 때 구글 번역 같은 번역 애플리케이션까지 금지하여 우회로를 차단해야만 한다.

나치 독일에서 번역물은 정치적 저술을 제외한 모든 국내 텍스트보다 더 엄한 검열을 당했다. 그에 반해 프랑코 시대 에스파냐에서 번역물은 다른 모든 저작물과 동일한 제도를 적용받았다. 다시 말해 종교적 믿음, 도덕성, 교회, 정권 등에 대한 태도를 심사받아야 했다. 그럼에도 검열관들은 번역물을 가장 가혹하게 물어뜯곤 했는데, 에스파냐 대중이 우려스럽게도 미국 문화를 좋아했기 때문이다. 그 결과는 때때로 기이하게 나타났다. 1948년 영화 〈개선문Arch of Triumph〉에서 잉그리드 버그만이 연기한 인물은 남편이 아닌 남성 여럿과 관계를 가진다. 그러나 에스파냐어로 더빙된 영화에서는 그렇지 않다. 영화의 한 장면에서 버그만은 그녀와 함께 있는 남성이 남편이냐는 질문을 받는다. 버그만이 고개를 가로젓는 순간, 에스파냐어로 더빙된 목소리는 'Si'(네)라고 말한다.

1966년 프랑코 정권은 검열 규정을 완화하는 듯한 조치를 시행했다. 이제 출판사는 출간에 앞서 모든 텍스트를 검열관에게 제출할 필요가 없었다. 출판사에서 고른 텍스트만 제출하면 그만이었다. 그렇지만 이렇게 검열 절차가 바뀌었다고 해서 상황이 나아진 것은 아니었다. 오히려 나빠졌다. 어떤 책이 출간된 뒤에 당국의 규정을 위반하는 것으로 밝혀질 경우 재생지 재료로 쓰일 터였고, 그렇게 되면 이만저만 손해가 아니었다. 게다가 출판사는 범죄의 공범으로 간주될 수도 있었다. 이런 이유로 출판사들은 대체로 정권의 심기를 거스를 법한 어떤 책도 출간하지 않으려고 신중에 신중을 기했다. 아마 검열관보다도 더 신중하게 원고를 가려냈을 것이다.

이 흥미로운 사실은 검열이 작동하는 방식의 핵심을 보여준다. 검열은 '국민들'이 하나같이 읽고 싶어 안달할 텍스트를 억압적인 기관 하나가 그저 금지하거나 재단하는 문제가 결코 아니다. 오히려 검열을 받는 개개인은 다양한 정도로 검열에 순응하거나 저항한다. 그들은 비록 국가의 요구에 동의하지 않더라도 선전의 영향을 받아 그 요구를 내면화할 수도 있고, 악조건에서나마 최선을 다해야 한다고 생각할 수도 있다. 요컨대 검열은 사람들의 내면으로 스며드는, 명시적 규정에 더해 심리적 압박감과 거짓 정보까지 뒤얽혀 있는 망이다.

1930년대 무솔리니 정권의 이탈리아에서 몬다도리 출판사를 위해 일하던 소설가 겸 번역자 엘리오 비토리니(Elio Vittorini)는 D. H. 로런스(Lawrence)의 소설 『성 모어St Mawr』의 일부를 파시스트의 입맛에 맞게 덜어내자고 제안했다. 비토리니는 공식 검열관이 나서기 전에 자신이 검열에 관여할 필요가 있다고 생각했다―당시 그 자신의 소설도 검열당하고 있었다. 나치 독일에는 공식 금서 목록이 없었는데, 서적상들이 그들 자신의 '건강한 본능'으로 민족에 해가 될 책을 알아낼 수 있을 것으로 기대되었기 때문이다. 다시 말해 그들 역시 검열관으로 일할 것으로 기대되었다.

검열은 언제나 인구의 일부를 나머지보다 더 엄히 단속한다. 16세기에 왕족, 귀족, 고위 성직자는 보통 사람이 소지했다가는 처벌받을 번역 성서를 마음껏 소유할 수 있었다. 빅토리아 시대 영국에서 번역서는 외설 혐의로 고발당할 수 있었던 반면에 외국어 원서는 그렇지 않았다. 일례로 1888년에 출판업자 어니스트 바이저텔리(Ernest Vizetelly)는 프랑스 소설가 에밀 졸라 작품의 영역본을 발행했다는 이유로 법정에 섰다. 출간 전에 소설의 불온한 부분을 삭제했고 프랑스어 원서는 영국에서 아무런 제약 없이 유통될 수 있었음에도 말이다. 당국이 출판업자를 소환한 이유는 못 배운 사람들만이 졸라의 부도덕한 영향에 휘둘릴 위험이 있다고 판단했기 때문일 것이다. 당국이 보기에 프랑스어를 아는 독자들은 십중팔구 체통을 지킬 것으로 믿을 수 있는 선량한 사람들이었다. 그렇지 않은 나머지는 이미 구제불능으로 타락한 부류였다.

빅토리아 시대에 검열을 피하는 다른 길은 특권층만 읽을 수 있도록 값비싼 개인 소장판으로 인쇄하는 것이었다. 1885년 리처드 버턴(Richard Burton) 경은 이 방법으로 심히 외설스러운 『천일야화』 번역본에 대한 검열을 모면했다.

저자와 번역자는 이처럼 복잡하게 작동하는 검열을 피해 자신의 견해를 표현할 가능성을 모색한다. 스탈린 치하에서 안나 아흐마토바(Anna Akhmatova)와 오시프 만델스탐(Osip Mandelstam)은 예리한 독자라면 겉뜻과 다른 속뜻을 간파할 수 있는 시 양식을 개발했으며, 무솔리니 치하에서 에우제니오 몬탈레(Eugenio Montale)도 비슷한 일을 했다. 17세기 잉글랜드에서 존 드라이든과 여러 작가들은 번역이라는 수단을 공공연히 표명할 수 없는 정치적 견해에 대한 방패막이로 활용했다. 가톨릭교도였던 드라이든은 스튜어트 왕가 혈통이 영국 왕위를 계승해야 하고 개신교도인 윌리엄 3세와 메리 2세는 왕위 찬탈자라고 생각했다. 드라이든은 『아이네이스』를 영역하면서 로마의 지도력이 '합당한 계승(sure succession)'을 통해 이양되었다고 옮겼는데, 눈치 빠른 독자라면 그 날카로운 대비를 알아챘을 것이다. 설령 누군가 번역에 트집을 잡더라도 드라이든은 그 책임을 베르길리우스에게 떠넘길 수 있었을 것이다.

검열이 문학 취향에 스며들고 저자와 번역자의 스타일에 영향을 준다는 것을 알고 나면, 검열당하는 문화와 우리가 자유롭다고 생각하는 문화의 연속성을 알아챌 수 있다. 물론 정부나 폭력적 집단의 검열은 혐오스러운 특수한 관행이다. 그러나 어떤 문화에서든 저자와 번역자는 독자들과 문학 권위자들이 좋아함직한 글을 의식하면서 쓴다. 불쾌감을 주는 텍스트는 혹평을 받아 침몰할 수도 있고 아예 출간되지 않을 수도 있다. 따라서 모든 번역자는 드라이든과 비토리니처럼 제약을 의식하면서 문화에 받아들여질 만한 텍스트와, 문화와 상관없이 쓰고 싶은 텍스트를 절충할 수밖에 없다. 제1장에서 확인한 대로 모든 번역은 외교적 번역이다. 번역자들은 아무리 어렵더라도 자신이 번역하는 텍스트의 특성을 나타내야 할 책임이 있다. 또한 텍스트가 읽힐 수 있도록 번역할 책임이 있다.

번역의 책무

번역자들은 직무의 책임을 규정하는 데 도움을 얻고자 많은 번역 협회들이 발표하는 행동 규약에 의지할 수 있다. 이런 행동 규약에서 다루는 한 가지 문제는 번역을 의뢰받은 텍스트가 불법적이거나 부정한 목적을 위해 사용되리라 예상될 경우 어떻게 해야 하느냐는 것이다. 일례로 아일랜드 번역자 통역자 협회(ITIA)는 번역자가 그런 의뢰를 예외 없이 거절해야 한다고 말한다. 이런 규칙은 번역자가 단순히 기술적 기능을 완수하는 휴머노이드가 아니라는 중요한 진실을 인정하는 것이다. 번역자는 선택을 내리는 사람이므로 자신이 하는 일에 책임이 있다.

그렇지만 이상하게도 번역 과제를 진행하는 중에는 번역자의 행위능력과 책임이 줄어드는 것으로 보인다. ITIA의 규약을 다시 살펴보자. "본 협회의 회원들은 각자 능력을 최대한 발휘하여 원천 텍스트에 충실을 기하고 개인적인 해석이나 의견, 영향이 전혀 들어가지 않은 보증된 번역을 제공해야 한다." 그러나 제4장에서 살펴본 대로 모든 번역은 원천 텍스트의 장르와 번역의 목적에 따라 어느 정도 번역자 재량에 달린 개인적 해석을 포함한다.

설령 자유가 거의 없는 경우라 해도, 번역자는 어디까지나 인간으로서 작업에 임한다. 프리모 레비(Primo Levi)는 나치 집단수용소에서 통역 일을 하도록 강제된 유대계 독일인을 예로 든다.

Si vedono le parole non sue, le parole cattive, torcergli la bocca uscendo, come se sputasse un boccone disgustoso
자기 말이 아닌 끔찍한 말을 꺼내놓느라 마치 구역질나는 것을 내뱉듯이 일그러지는 그의 입이 보였다

만일 히틀러의 『나의 투쟁』을 번역해달라는 요청을 받는다면, 당신은 나의 손을 거쳐 영어가 되는 단어들과 거리를 둘 어떤 방법을 찾고 싶을 것이다. 가령 서론과 각주를 통해 당신의 입장은 책 내용에 대한 동의를 기대하는 쪽이 아니라 비판적 독서를 권하는 쪽임을 밝힐 수 있을 것이다.

ITIA의 규칙은 이를테면 다국적 기업을 위해 사업 문서를 번역하는 경우, 또는 학술 출판사를 위해 의학 교과서를 번역하는 경우처럼 원천 텍스트가 중립적이고 번역의 목적이 분

명하게 규정되는 상황에는 웬만큼 적용될 것이다. 이런 경우 번역자의 선택권은 합의된 규범에 의해 엄격히 제한된다. 그러나 더 복잡한 텍스트는 번역자에게 선택할 여지를 더 많이 주고, 따라서 책임을 더 많이 질 것을 요구한다.

억압의 종류들 중에서도 여성에 대한 폭력에 천착하는 벵골 작가 마하스웨타 데비(Mahasweta Devi)를 살펴보자. 데비의 작품을 영어로 번역한 가야트리 스피박(Gayatri Spivak)은 원작의 문체적·정치적 문제 제기를 최대한 그대로 전하기 위해 '텍스트에 항복'하려 노력했다고 설명한다. 그러나 인도 남부 케랄라에서 사용하는 말라얄람어로 데비의 작품을 옮긴 릴라 사르카르(Leela Sarkar)는 스피박과 똑같이 할 수 없다고 생각했다. 케랄라에서는 페미니즘이 영어권 서구에서만큼 강하지 않은 까닭에 사르카르는 유독 신랄한 일부 장면을 누그러뜨리기로 결정했다. 데비의 이야기 「드라우파디Draupadi」에서 격렬한 대치 장면을 스피박은 이렇게 번역했다. "그녀는 주위를 둘러보고서 피 섞인 침을 뱉을 곳으로 세나나야크의 하얀 셔츠 앞면을 고른다." 사르카르의 말라얄람어 번역을 보면 이 문장에서 '둘러보고서' 다음이 삭제되고 없다.

이 결정을 내린 상황에 관해 더 많이 알지 못하면, 우리는 결정의 옳고 그름을 판단할 수 없다. 우리가 알 수 있는 것은 릴라 사르카르가 선택을 했다는 것, 그리고 복합적인 책임—원천 텍스트·저자·잠재적 독자·출판사·그녀 자신에 대한 책임—이라는 맥락에서 그렇게 했다는 것이다. 사르카르는 자신이 사용할 수 있다고 생각한 언어와 번역을 수행하는 맥락을 고려하여 원문 일부를 삭제하는 것이 최선의 선택이라고 판단했을 것이다. 파시즘 치하 이탈리아의 엘리오 비토리니(이전 단락 참조)와 엘리자베스 1세에게 정중했던 드라고만(제1장 참조)의 사례와 마찬가지로, 이 경우에도 핵심은 번역이란 결코 원천 텍스트를 그저 '한 언어'로 옮기는 일이 아니라 특정한 상황에서 특정한 목적을 위해 특정한 종류의 언어로 옮기는 일이라는 인식이다.

이는 엄격히 규제되는 상황에서도, 심지어 ITIA의 규칙이 가장 잘 들어맞는 상황에서도 번역에 적합한 언어를 찾을 때 개인색이 뚜렷한 창의성과 감성이 가미될 수 있음을 뜻한다. 이민자처럼 취약한 사람과 법정처럼 권위 있는 기관 사이를 중재하는 통역자를 생각해보라(이미 제4장에서 다룬 상황이다). 통역자는 이민자의 말을 영어로 '충실히' 옮겨야 할 뿐 아니라 상황에 맞추어 그 발언을 충분히 정확하면서도 적절한 방식으로 전달해야 할 것이다.

법률 서비스와 사회복지가 공정하게 기능하는 데 숙련된 번역자가 아주 중요한 이유가 여기에 있다. 법정 사건을 위해 일하는 적합한 자격을 갖춘 통역자가 없다면 심문이 취소될 것이다. 사회복지 영역에 적합한 번역자가 없다면, 번역 책임을 지지 말아야 할 사람이 책임을 지게 될 공산이 크다. 옥스퍼드에서 학교를 다니는 파키스탄계 영국 10대 라비아 레흐멘(Rabia Rehmen)이 시 형식으로 쓴 회고록은 이 점을 생생하게 보여준다.

책상 하나와 의자 셋이 있는 작은 방에 앉아 있다. 벌써 숨이 막힌다.
작은 얼굴에 너무 큰 안경을 쓴 작달막하고 까다로운 여자와 인터뷰를 한다.
그녀의 파란 드레스에 위아래가 뒤집힌 배지가 달려 있다. 그녀는 우리에게 인사도 안 했다.
정신 집중이 중요하다. 친절한 어조를 유지해야 한다. 반드시!
난 엄마를 위해 번역한다. 엄마는 영어를 말하지 못한다. 내가 없었다면 면담도 없었을 것이다. 그들은 더는 번역자를 쓸 여유가 없다.
난 보수를 전혀 못 받지만 그래도 번역은 내 의무다.
학교에 간다고 해도 양해해주지 않는다.
이건 공평하지 않다.

영국과 이탈리아를 비롯한 국가들의 사회복지 기관은 훈련도 보수도 받지 못하는 통역자들에게도 갈수록 비슷한 요구를 하고 있다.

강력한 선택

번역자의 선택에 따라 언어를 구사하는 어떤 방식이 다른 방식에 우위를 점할 수 있다. 제이컵 브로노프스키(Jacob Bronowski)의 1973년 TV 시리즈 〈The Ascent of Man〉의 제목을 당신이 번역해야 한다고 상상해보라. 성별을 반영하는 용어들에 대한 민감도는 1970년대 이래 변해왔다. 오늘날 이 시리즈를 리메이크한다면 다른 제목을 붙여야 할 것이다. 당신이라면 이 제목을 다른 언어로 어떻게 리메이크하겠는가? 당신은 역사적 사실성을 살리고자 원작 제목과 비슷한 1970년대식 낱말들을 골라 성별에 대한 편견을 보존할 수도 있다. 또는 당신 자신의 언어 감각에 더 가까운 현대적 표현—예컨대 '인간의 발전'에 상응하는 의미의 제목—으로 번역할 수도 있다.

당신이 전자의 선택을 한다면, 당신 마음에 드는 제목이 아니라 역사적으로 적합하다고 판단한 제목을 골랐다는 점이 맥락상 분명하게 드러나기를 원할 것이다. 가령 향수를 불러일으키는 '70년대 TV 시리즈' 박스 세트에 제목이 적히는 경우라면 맥락상 당신의 그런 의도가 드러날 것이다. 당신이 후자의 선택을 한다면, 원제를 더 문자 그대로 옮긴 제목을 각주로 붙이고 싶을 것이다. 이렇게 하면 언어가 변하고 있다는 것과 당신의 번역 선택이 그 변화에 일조한다는 것을 독자들이 알아볼 수 있을 것이다. 이런 식의 번역어 결정은 젠더 및 섹슈얼리티와 관련될 때 특히 민감해지곤 한다. 남아프리카 국가 레소토에서 여자들은 다른 여자들과 진한 우정을 쌓을 수 있고, 그들의 우정은 성적 친밀함을 포함하면서도 결혼생활과 행복하게 공존할 수 있다. 이런 관계를 뜻하는 남(南)소토어 용어는 'motsoalle'다. 우리는 이 단어를 어떻게 번역할 수 있을까? '레즈비언'은 이 맥락에 들어맞지 않는 일군의 가정들을 수반할 테고, 어느 번역자가 선택한 '아주 특별한 친구(very special friend)'는 지나치게 얌전한 표현처럼 들린다. 아마도 최선의 해결책은 젠더 정체성과 섹슈얼리티의 새로운 측면을 명명하는 새 단어가 영어에 들어올 수 있도록 남소토어 용어를 차용하고 각주로 설명을 붙이는 방법일 것이다.

(갖가지 새로움 중에서도) 새로운 존재 방식을 표현하는 새로운 단어들은 언어로 쉴 새 없이 유입되고, 번역은 이 과정에 일조한다. 마그레브 아랍어에서 동성애를 묘사하는 단어들은 예로부터 능동적 성 역할과 수동적 성 역할을 구분하고 수동적 존재를 경멸 어린 시선으로 바라보았다. 그러던 중에 영

미권 단어 '게이'와 얼추 뜻이 같은, 한층 대등한 동성애 정체
성을 표현하는 'mithli'라는 새 단어가 유입되었다. 'mithli'는
'같다'라는 관념을 포함하며, 아마도 프랑스어 단어 'homo'의
번역어에서 영향을 받았을 것이다.

번역자에게는 원천 텍스트가 가진 언어적 특이성 또는 '타
자성'의 느낌을 선명하게 전달할 책임이 있다는 주장이 가끔
제기된다. 이 견해는 19세기 독일 철학자 프리드리히 슐라이
어마허에 뿌리를 두고 있고, 1980년대에 프랑스 문예비평가
앙투안 베르망(Antoine Berman)이 정교하게 다듬었으며, 그 후
번역 이론가 로런스 베누티(Lawrence Venuti)에 의해 영어권에
널리 알려졌다. 그러나 '이국화' 번역 스타일의 가치는 언제나
맥락에 달려 있다. 단어 'motsoalle'를 영어로 들여오는 것은
곧 이국화하는 것이고, 이 경우에는 이국화 번역이 필요해 보
인다. 하지만 케랄라 지방의 릴라 사르카르에게, 또는 엘리자
베스 1세에게 서한을 쓴 드라고만에게 더 중요했던 것은 읽는
사람의 기분을 해치지 않을 텍스트를 생산하는 일이었다. 번
역자들은 각자의 책임에 따라 각기 다른 방향으로 이끌리고,
서로 경합하는 권력들이 가하는 압력을 느낀다.

제 6 장

세계 속의 말

번역은 언제 어디서나 이루어진다. 누구나 어떤 뜻인가로 쓰여온 상이한 낱말들을 외국어에서, 또는 모국어에서 발견할 수 있다. 인터넷에 접속하는 사람은 누구든 웹브라우저의 '번역' 옵션을 클릭할 수 있다. 하지만 종이책, 정치 문서, 외교 교섭, 사업 계약, 국제 뉴스 등을 다루는 공적·상업적 세계에서는 번역이 엄격히 제한된다. 공식 규칙과 시장의 힘이 함께 작용하여 번역을 누가 할 수 있을지, 어떻게 해야 할지, 어떤 언어로 할지 결정한다. 앞 장에서 탐구한 권력 투쟁의 장보다는 이런 국제적 구조 내에서 폭력과 저항이 발생할 여지가 더 적다. 그러나 사실 번역과 권력은 바로 이 구조 내에서 가장 밀접하게 뒤얽힌다.

서적 거래

국제 종이책 시장을 살펴보자. 완전히 정확한 자료를 취합하기란 불가능하다. 유네스코의 「번역 인덱스Index Translationum」는 1979년부터 2009년까지 100개국의 번역서 현황을 담으려 하지만 항목들이 균질하지 않고 비교하기가 어렵다. 그래서 개괄적인 결론을 내릴 수밖에 없다. 그럼에도 그 결과는 인상적이다. 전 세계의 모든 번역서 중 약 40퍼센트의 원어가 영어다(미국 영어와 세계 영어 포함). 여기에 프랑스어, 독일어, 러시아어를 더하면 전체 번역서 원어의 4분의 3에 해당한다(다만 러시아어의 비중은 1991년 소련 붕괴 이후 다소 낮아졌다).

그다음으로 많이 번역된 언어들 각각의 비중은 전체 번역서의 1퍼센트에서 3퍼센트 사이다. 바로 이탈리아어, 에스파냐어, 스웨덴어, 일본어, 덴마크어, 라틴어, 네덜란드어, 고대 그리스어, 체코어. 이들 언어는 완만히 내려가는 경사면의 위쪽에 있으며, 맨 아래쪽에는 아홈어, 루슈트시드어, 톡 피신어처럼 거의 번역되지 않는 언어들이 있다. 그 사이에 중국어, 아랍어, 포르투갈어는 각각 16위, 17위, 18위에, 힌디어는 더 아래 45위에 위치한다. 이 언어들은 세계에서 가장 많이 쓰이는 입말 축에 들면서도 비교적 적게 번역된다.

세계에서 번역서를 제일 많이 수출하는 문화들은 그에 비해 수입은 다소 적게 한다. 보통 번역서의 비중은 한 나라에서 출간된 서적 총계의 백분율로 나타낸다. 그 수치는 미국과 영국에서는 3퍼센트 이하이고, 프랑스와 독일에서는 10퍼센트에서 12퍼센트 사이다. 그에 반해 그리스에서는 번역서가 출간된 책 총계의 40퍼센트를 차지한다. 이 수치들에 대한 뻔한 반응은 다음과 같다. 그리스인들은 얼마나 마음이 열려 있는가! 영국인들과 미국인들은 얼마나 국수적인가!

그렇지만 실상은 더 복잡하다. 물론 더 많은 책들이 더 다양하게 영어로 번역된다면 더 좋을 것이다. 그러나 영국과 미국에서 번역서의 비중이 그토록 낮아 보이는 주된 이유는 각국에서 출간되는 책의 총수가 아주 많기 때문이다. 영국에서는 매년 서적 약 18만 종이 출간된다. 이 가운데 2.5퍼센트가 번역본이라면, 번역서의 실제 수는 약 4500종이다. 해마다 독일에서는 약 8만 2000종, 프랑스에서는 약 4만 2000종이 출간되며, 두 수치의 10퍼센트는 각각 번역서 8200종과 4200종이다. 그리스에서는 약 7000종이 출간되고, 그중 40퍼센트면 2800종이다. 따라서 각 언어로 번역되는 책의 총수들을 비교해보면 백분율 수치들만큼 편차가 크지 않다. 번역서의 종수만 고려하면 영어 사용자들은 번역본에 전혀 적대적이지 않다.

이 수치들이 또렷하게 드러내는 중요한 진실이 두 가지 더 있다. 첫째 진실은 출판사들이 관여하고 「번역 인덱스」로 어림하는 번역은 세계 각지에서 이루어지는 번역의 여러 종류

중 하나에 불과하다는 것이다. 이 번역은 제2장에서 말한 '완고한 번역', 즉 대개 각국 정부의 지원을 받는 별개의 표준 글말 텍스트들 사이에서 등가를 만들어내는 과정이다.

둘째 진실은 책에 관한 한 이 번역이 서유럽과 북아메리카에 상당히 편중되어 있다는 것이다. 세계 종이책 번역의 약 40퍼센트가 영어, 독일어, 프랑스어 사이에서 분주히 이루어지고 있다.

그러나 책에 담을 수 있는 '완고한 번역'만이 언어들 사이를 오가는 유일한 활동인 것은 아니다. 「번역 인덱스」에 따르면 인도의 안과 밖, 중국의 안과 밖 사이에서 이루어지는 번역의 양은 별로 없다. 하지만 두 나라에서 언어들이 존재하는 방식은 서구에서와는 다르다. 인도에는 저마다 100만 명 이상이 사용하는 언어들이 50개 있고, 그 밖에 지역 언어들과 방언들이 있다. 중국에는 더 많은 언어들이 있거니와, 동일한 글말 문자를 공유하면서도 서로 알아듣지 못하는 입말들이 많아서 상황이 더욱 복잡하다. 이들 국가 내에서는 입말로 바꿔 말하기와 책으로 묶이지 않는 글을 포함해 「번역 인덱스」의 레이더에 탐지되지 않는 형식과 매체로 방대한 양의 번역이 이루어지고 있다.

번역서 교역로들은 북아메리카와 서유럽에 집중된 문화적 패권을 드러낸다. 여느 패권처럼 이 문화적 패권에도 나쁜 면도 있고 좋은 면도 있다. 일례로 영국에서 영어책이 대량으로 출간되는 것은 외국어에 대한 저항의 표지인 만큼이나 문화적 에너지의 표지다. 그러나 이 에너지는 특정한 문화 체계―언어를 사용하고 책에 집어넣는 특정한 방식들의 집합―를 통해 흐른다. '완고한 번역관'도 이 체계의 일부다.

서구의 문화들이 진화함에 따라 번역을 포함하는 두 종류의 변화가 일어날 수 있다. 첫째는 그저 더 많은 언어들로 쓰인 더 많은 책들이 번역될 수 있다는 것이다. 요즘 번역에 관심 있는 사람들은 대개 이런 변화를 가져올 동향을 지지한다.

둘째는 '완고한 번역관'의 전제와 관행 자체가 변하기 시작할 수 있다는 것이다. 원천 텍스트와 등가인 하나의 번역을 내놓는 데 그치지 않고 복수의 가능한 의미들을 펼치는 더 다원적인 번역 방식들이 존재할 수 있다(이것을 나는 '프리즘 번역'이라 부른다). 가령 한 언어의 표준화된 버전에서 다른 언어의 표준화된 버전으로 건너뛰지 않고 한문훈독처럼 언어들을 섞을 수도 있다. 더 나아가 가지각색 문체와 방언으로 번역할 수도 있다. 이 모든 변화가 시작되고 있다는 징후가 보이지만, 변화의 이유와 지향에 관한 논의는 그간 부족했다. 유럽의 민족문화들은 이민과 이주에 따른 인간적·문화적 압력을 받으며 변화하고 있으며, 언어 사용의 두께와 다양성을 좀더 의식하는 더욱 유동적인 다중언어 문화들이 되어가고 있다. 이런 전개와 '완고한 번역관'의 구조 사이에는 긴장감이 감돈다. 본질적으로 번역은 문화를 규제하기보다 풍요롭게 하는 관용적·탐구적 활동이다. 번역의 이 측면이 무럭무럭 자랄 수 있도록 도와야 한다.

공식 채널

국제연합과 유럽연합 같은 국제 정치 조직들은 방대한 양의 번역문을 생산해낸다. 유럽의회가 고용하는 상근 통역자만 해도 330여 명이고, 바쁠 때 일을 맡길 수 있는 프리랜서 통역자가 1800명 더 있다. 그리고 그들은 어디까지나 통역자다. 입말 외에 글말 문서도 번역해야 한다. 그럼에도 이런 기구들은 서적 거래와 마찬가지로 언어 사용을 다양화하는 것 못지않게 규제한다.

국제연합은 대체로 6개 공식 언어—아랍어, 중국어, 영어, 프랑스어, 러시아어, 에스파냐어—를 사용하고, 많은 문서가 독일어로도 번역된다. 이 경우만 해도 대처해야 할 언어 쌍이 $7 \times 6 = 42$가지나 된다. 그런데 유럽의회는 훨씬 더 많은 언어를, 무려 24개 공식 언어를 사용한다. 그러므로 둘씩 짝지을 수 있는 언어 쌍이 $24 \times 23 = 552$가지다. 이는 언어적 난제인 만큼이나 실무상 처리하기 어려운 문제다.

유럽의회는 어느 정도는 중계 통역 관행을 통해 이 난제에 대처하며, 중계 언어로 보통 영어를 사용한다. 이는 가령 폴란드어와 포르투갈어를 직접 통역하는 사람이 꼭 필요하지는 않다는 뜻이다. 한 사람이 폴란드어를 영어로 통역할 수 있고 다른 사람이 영어를 포르투갈어로 통역할 수 있으면 중계 통역이 가능하다.

유럽의회가 이론만큼 실제로 여러 언어를 사용하는 것도 아니다. 유럽의회에서 입법을 준비하는 위원회는 프랑스어, 독일어, 영어만 사용하고, 위원들은 의회에 사안을 제기할 때 영어로 말한다. 그러면 유럽의회 의원들 다수도 영어(대개 그들의 제2언어)로 발언한다. 그 결과 당초 예상보다 통역이 덜 필요해진다. 영어가 단연 많이 쓰이고, 몇몇 언어는 거의 쓰이지 않는다. 예를 들어 2012년 유럽의회의 토의 전체를 통틀어 라트비아어, 몰타어, 에스토니아어로 말한 시간은 각각 채 한 시간도 되지 않았다.

물론 유럽의 수많은 '비공식' 언어와 방언—맹크스어, 브레시아 방언, 로마 방언, 바트어, 피테사미어, 카라임어, 이스트리아어 등—은 전혀 사용되지 않는다. 유럽의회는 번역과 통역을 통해 신뢰할 만한 등가 패턴으로 정렬할 수 있는 표준 국어들을 사용할 것을 요구한다. 그렇지 않으면 토론자들이 서로의 표현을 오해하면서 혼란에 빠질 것이고, 장소에 따라 유럽연합 법률의 의미가 달라질 것이다.

이런 이유로 국제 서적 거래의 경우와 마찬가지로 국제 정치 기구들에서도 번역은 표준 국어들을 강화하는 한편, 영국의 국어 겸 국제 공용어인 영어의 입지를 강화하는 경향이 있다. 번역은 이 구조가 유지되는 데 일조하고, 이 구조가 없을 때보다 있을 때 번역이 더 수월하게 이루어진다.

국제 정치 기구들에서 비공식 언어의 사용만 제한하는 것은 아니다. 이들 기구는 토론하고 법률을 제정할 때 소수의 표준 국어들마저 최대한 활용하지 않는다. 유럽의회에서는 입법할 때는 물론이고 토론할 때도 보통 특정 국어의 숱한 표현을 사용하지 않는다. 이를테면 "대형 쓰레기통이 기침을 하자 그가 손잡이를 던져넣었다(the skip coughed and the thrower dumped the handle)", "잘 자요 내 사랑(sweet dreams my love)", "2파운드 50〔센트〕입니다(that'll be two pounds fifty)" 같은 표현은 쓰지 않는다.

언어는 문법과 단어들이 평탄하게 펼쳐져 있는 평지가 아니다. 언어는 용법의 종류들이 봉우리와 골짜기를 이루는 산지다. 우리 중 누구도 우리가 안다고 생각하는 언어를 모든 면에서 유창하게 구사하지 못한다. 우리 모두 언어의 어떤 면을 다른 면보다 편안하게 느낀다. 국제 정치 기구에서 사용하는 언어의 종류는 더욱 제한된다. 그 종류는 농업이나 이민 같은 특정 주제에 적합한 언어를 의미하는 사용역에 의해, 그리고 연설이나 법률 제정 같은 특정 목적을 위해 사용하는 언어를 의미하는 장르에 의해 제한된다. 가령 불가리아어의 어떤 오래된 문구든 핀란드어로 옮겨야 하는 것이 아니라 수산업에 관한 불가리아어 성명을 수산업에 관한 핀란드어 성명으로 옮기면 된다는 것, 각 언어의 일부만 사용해도 된다는 정보를 사전에 아는 것은 번역자와 통역자에게 중요하다. 특히 입말을 거의 실시간으로 옮겨야 하는 통역자에게는 필수 정보다. 통역자는 토론 시작에 앞서 예상 주제와 사용역에 적합한 번역 어구를 미리 준비해둘 수 있고, 두 언어의 핵심 법률 용어들을 나란히 정렬해놓은 자료에 의존할 수 있다.

국제연합 결의안은 독특한 구조와 어휘를 가지고 있다(상자 1 참조).

결의안의 전문(前文) 부분은 규정된 문법 구조를 지키며 다음과 같은 도입구로 시작해야 한다. 'Acknowledging'(인정하고), 'Affirming'(확인하고), 'Alarmed'(경악하고), 'Approving'(승인하고), 'Aware'(인식하고), 'Bearing in mind'(유념하고), 'Being convinced'(확신하고), 'Cognizant that'(인식하고), 'Concerned by'(우려하고), 'Deeply disturbed by'(깊이 우려하고), 'Desiring'(바라고), 'Determined that'(결심하고), 'Encouraged by'(고무되고), 'Fully aware'(충분히 인식하

상자 1 국제연합 결의안

A/RES/59/35 결의안
〔제6차 위원회(A/59/505)의 보고서에 관한〕총회 59/35에 채택. 국제위법행위에 대한 국가책임

총회는,

2001년 12월 12일의 결의안 중 국제위법행위에 대한 국가책임 조항들의 조문을 포함하는 부속문서를 상기하고,

국제연합 헌장의 13조 1항(a)에 언급된 대로, 국제법의 성문화와 점진적 발전의 지속적 중요성을 강조하고,

국제위법행위에 대한 국가책임이라는 주제가 국가들 간 관계에서 대단히 중요하다는 데 주목하면서,

1. 정부들이 자국의 향후 채택이나 다른 적절한 행위 문제에 대한 편견 없이 국제위법행위에 대한 국가책임 조항들에 주목할 것을 다시 한 번 권고한다;

2. 사무총장에게 정부들에 그 조항들과 관련된 모든 향후 행위에 관한 서면 논평을 제출하도록 권유할 것을 요청한다;

3. 또한 사무총장에게 그 조항들을 언급하는 국제 법원들과 재판소들, 기타 기구들의 결정들을 엮은 첫 편찬물을 준비할 것과 정부들에 이와 관련된 각국의 관행에 관한 정보를 제출하도록

> 권유할 것을 요청하고, 추가로 사무총장에게 제62차 회기 훨씬
> 전에 이 자료를 제출할 것을 요청한다;
>
> 4. 제62차 회기의 잠정 의제에 '국제위법행위에 대한 국가책임' 안
> 건을 포함하기로 결정한다. 2004년 12월 2일 제65차 본회의

고), 'Guided by'(인도되고), 'Having considered'(고려했고), 'Mindful that'(유의하고), 'Noting with approval'(승인하며 주목하고), 'Noting with regret'(유감으로 생각하며 주목하고), 'Recalling'(상기하고), 'Recognizing'(인정하고), 'Regretting'(유감으로 생각하고).

전문 부분에서 사안의 배경을 언급한 다음 '실행' 부분이 이어진다. 이 부분 역시 문법 구조가 있고 다음과 같은 도입구로 시작한다. 'Accepts'(수용한다), 'Adopts'(채택한다), 'Affirms'(확인한다), 'Appeals'(호소한다), 'Appreciates'(감사한다), 'Decides'(결정한다), 'Declares'(선언한다), 'Deplores'(개탄한다), 'Emphasizes'(강조한다), 'Encourages'(고무한다), 'Notes'(주목한다), 'Reaffirms'(재확인한다), 'Recognizes'(인정한다), 'Recommends'(권고한다), 'Regrets'(유감으로 생각한다), 'Approves'(승인한다), 'Authorizes'(권한을 부여한다), 'Calls upon'(요청한다), 'Concurs'(동의한다), 'Condemns'(규탄한다),

'Confirms'(긍정한다), 'Congratulates'(축하한다), 'Considers'(고려한다), 'Endorses'(지지한다), 'Expresses its appreciation'(감사를 표명한다), 'Expresses its conviction'(확신을 표명한다), 'Expresses its regret'(유감을 표명한다), 'Expresses its sympathy'(동정을 표명한다), 'Expresses its thanks'(감사를 표명한다), 'Expresses the hope'(희망을 표명한다), 'Reiterates'(반복한다), 'Suggests'(제안한다), 'Supports'(지원한다), 'Takes note of'(주목한다), 'Urges'(촉구한다), 'Welcomes'(환영한다).

국제연합의 다른 언어들에는 이런 정형화된 표현들 각각에 상응하는 상투적 표현들이 있다. 국제 정치 기구에서 활동하는 통역자와 번역자는 언어들 사이를 기민하게 오가야 한다. 그러나 적어도 그들에게는 사용역과 장르라는 고정된 디딤돌이 있다.

국제 뉴스의 고속도로

국제 뉴스 분야에도 공식 채널들이 있다. 또한 이 분야에서도 강력한 표준 언어들이 장르와 사용역의 관습과 결합하여 효율적이고도 배타적인 번역 구조를 만들어낸다. 많은 신문사들이 자체 해외 통신원을 두고 있고, 시민들이 주도하는 다양하고 유동적인 뉴스 통로들도 있다(뒤에서 더 살펴볼 것이다). 그러나 국제 뉴스의 고속도로망을 유지하는 것은 세계 3대 통신사인 로이터(Reuters), AFP(Agence France Presse), AP(Associated Press)다.

이 통신사들은 각각 영국, 프랑스, 미국에 뿌리를 두고 있으며, 19세기와 20세기 초에 전신이 확장되면서 세계적 통신망을 갖추었다. 3사에서 뉴스를 배포하는 언어들은 이 유산에 의해 결정된다. 로이터와 AFP는 영어, 프랑스어, 에스파냐어, 포르투갈어, 아랍어(20세기 중엽에 추가되었다)를 사용한다. AP는 포르투갈어 대신 네덜란드어를 사용한다는 점만 다르고 나머지는 같다. 이처럼 주류 국제 뉴스를 전달하는 데 쓰이는 언어의 수와 국제연합에서 정치적 심의에 쓰이는 언어의 수는 거의 같다. 그리고 두 언어 집합은 서로 3분의 2가 겹친다. 하지만 양편의 번역 관행은 사뭇 다르다. 앞서 살펴본 대로 국제연합은 전문화된 번역자와 통역자로 구성된 팀을 고수하는데 반해 뉴스 통신사에 소속된 취재기자와 편집기자는 스스로 번역할 줄 알아야 한다. 번역은 현장 인터뷰부터 사무실에서의 편집까지 국제 뉴스 이야기를 구성하는 매 단계마다 이루어진다.

예컨대 2006년 이스라엘과 헤즈볼라 간 전투에 관한 로이터의 이야기는 이스라엘인과 레바논인 정보원들에 의존했다. 그들이 아랍어와 히브리어로 말한 것을 취재기자나 중개인이 번역하기도 했고, 그들이 영어를 제2언어로 사용하기도 했다.
그런 다음 이야기가 영어로 작성되어 전 세계로 배포되었다.
첫 문단은 다음과 같다.

> Hezbollah fought fierce battles with Israeli troops on the
> Lebanese border on Thursday, as thousands more foreigners fled
> the nine-day-old war in Lebanon, including 1,000 Americans
> evacuated by US Marines.
>
> 목요일 레바논 국경에서 헤즈볼라가 이스라엘 병사들과 맹렬한
> 전투를 벌이는 동안, 미국 해병대가 대피시킨 미국인 1000명을
> 포함해 추가로 외국인 수천 명이 레바논에서 9일째 이어진 전쟁
> 을 피해 달아났다.

영어를 사용하는 독자들이 원래 이야기를 읽고 보였음직한
반응과 비교해 로이터의 에스파냐 지부는 미국인 대피 사건
에 흥미를 덜 느꼈다. 그래서 에스파냐 지부 편집기자는 이 문
단을 번역하면서 세부 서술을 교체하여 바꿔 썼다. 다시 말해
미국인이 대피했다는 서술을 빼고 국제연합 사무총장 코피
아난이 적대행위 중단을 요청했다는 서술을 집어넣었다. 에스
파냐어 기사는 문장 앞부분의 행위 주체도 바꾸어, 헤즈볼라
가 '이스라엘 병사들'과 싸운 것이 아니라 '이스라엘'이 헤즈

볼라와 맹렬한 전투를 벌였다고 썼다("Israel mantuvo el jueves fuertes enfrentamientos militares con Hezbolá". 이 변경은 헤즈볼라가 아닌 이스라엘 국가를 침공하는 쪽으로, 이스라엘인 병사들이 아닌 헤즈볼라를 침공당하는 쪽으로 나타냄으로써 기사 독자들이 동조할 방향을 교묘하게 돌려놓는다(또하나 주목할 점은 'fighters'처럼 어감이 좋지 않은 낱말에 비해 영어 기사에 쓰인 'troops'(병사들)가 얼마나 호의적으로 들리느냐는 것이다).

국제 뉴스 분야에서 번역을 좌우하는 것은 '이야기' 관념이다. 그 이야기는 목표 독자층에게 호소할 만한 어떤 사건의 측면들로 이루어진다. 현장에 있는 기자는 이야기의 소재를 취한다. 번역과 통역은 취재에 필수 불가결하다. 그러나 번역 중의 난점과 변경점, 아울러 이것들이 드러내는 이해의 차이는 먼저 취재하려는 경쟁의 열기 속에 간과되곤 한다.

편집 단계에서도 이야기 관념은 들어오는 보도의 어떤 부분을 골라 어떤 식으로 번역할지 결정한다. 국제연합의 통번역 과정처럼 뉴스 편집 과정에도 장르와 사용역이 중요하다. 다시 말해 편집기자가 그저 영어를 에스파냐어로 번역하는 것이 아니라 정치적 분쟁의 사용역과 뉴스 보도 장르를 영어에서 그에 상응하는 에스파냐어로 번역한다는 것이 중요하다. 그러나 국제연합 번역자와 달리 로이터 편집기자는 주어진 텍스트를 다른 언어를 쓰는 다른 독자층에 맞게 재형성할 자유가 있다. 때로 그 과정은 번역이 아닌 '편역(trans-editing)'이라 불린다.

편역은 모든 번역에서 일정한 역할을 하지만 특히 뉴스 번역에서 두드러진 역할을 하는 이데올로기적 조정을 드러낸다. 어떤 뉴스 사건을 특정 언어로 보도하는 것은 곧 그 사건을 어떤 세계관의 틀에 맞추는 것이자 일군의 관점과 전제에 맞게 조정하는 것이다. 국제 뉴스의 고속도로는 이야기를 한곳에서 다른 곳으로 실어나르는 데 그치지 않는다. 그 도로는 어떤 사건을 뉴스로 여길지 결정하고 그 사건을 바라볼 수 있는 시각을 고정한다.

기계, 규칙, 통계

우리가 살펴본 대로 번역은 결코 한 언어를 다른 언어로 옮기는 것이 아니다. 번역은 언제나 한 언어의 부분집합을 다른 언어의 부분집합으로 옮기는 것이다. 이를테면 프랑스어를 영어로 옮기는 것이 아니라 패션에 관한 프랑스어 대화를 패션에 관한 영어 대화로 옮기는 것이다. 국제연합에서 일하는 통역자와 마찬가지로 우리는 이 부분집합에서 사람들이 입에 올림직한 단어와 구(句)를 짐작할 수 있다. 어떤 대화든 전에 활용했던 대화 요소들을 다시 활용하기 때문이다. 언어를 사

163

용한다는 것은 곧 이전의 언어 사용을 놀라울 정도로 되풀이한다는 것을 의미한다. 그리고 번역은 어딘가에서 이미 번역되었을 언어를 번역하는 일을 포함한다. 이 사실은 컴퓨터가 번역하는 방식에 극히 중요하다.

번역하는 컴퓨터를 만들고픈 소망은 거의 컴퓨터가 발명된 시점까지 거슬러올라간다. 초기에는 한 언어의 문장 구조와 어휘를 분석한 다음 일련의 규칙을 적용하여 다른 언어로 변환할 수 있는 프로그램을 작성하는 데 노력을 집중했다. 컴퓨터는 대개 이해 가능한 결과물을 내놓았으나 유려한 번역문을 제시한 경우는 거의 없었다. 1970년대에 러시아어를 영어로 옮긴 기계 번역 사례를 보자.

A contemporary airport is the involved complex of engineer constructions and techniques, for arrangement of which the territory, measured sometimes is required by thousands of hectares(for example the Moscow Airport Domodedovo, Kennedy's New York Airport).

결국 인간이 개입해 아래처럼 읽을 만한 영어로 바꿔 써야 했다.

The modern airport is an elaborate complex of engineering structures and technical devices requiring a large territory, which, in some cases, measures thousands of hectares(for instances, Domodedovo Airport in Moscow or Kennedy Airport in New York).

현대 공항은 공학 구조들과 기술 장치들로 이루어진 정교한 복합 시설로, 경우에 따라 수천 헥타르에 달하는 넓은 면적을 필요로 한다(예를 들면 모스크바의 도모데도보 공항이나 뉴욕의 케네디 공항).

새로운 천년기로 접어들 무렵 완전히 다른 접근법이 개발되었다. 그 방법은 사람들이 이미 해놓은 방대한 양의 번역 텍스트와 원천 텍스트를 나란히 정렬하면 컴퓨터로 두 텍스트를 동시에 검색할 수 있다는 인식에서 출발했다. 캐나다 의회의 영어 기록과 프랑스어 기록 같은 2개 언어 말뭉치나 『신곡』의 원문대역 판본 같은 병렬 텍스트가 새로이 중요성을 띠게 되었다. 그런 텍스트들은 단어만이 아니라 문장과 표현법까지 수록한 거대 다중언어 사전처럼 작동하는 데이터베이스에 흡수되었다.

이 번역 방법을 사용하는 컴퓨터는 규칙을 적용하여 한 언어를 다른 언어로 변환하는 것이 아니다. 컴퓨터는 주어진 구

와, 그것과 비슷한 구들이 과거에 번역된 온갖 방식을 검색한
다. 그런 다음 통계 기법을 사용해 주어진 맥락에서 가능한 번
역들 가운데 가장 적합할 것 같은 번역을 결정한다. 오늘날의
통계 기반 프로그램은 앞서 예로 든 1970년대 기계 번역처럼
"measured sometimes is required by thousands of hectares"
같은 번역을 내놓을 가능성이 낮은데, 어떤 사람도 글을 쓰면
서 이런 단어 조합이나 이와 흡사한 조합을 사용하지 않았을
것이기 때문이다.

컴퓨터는 텍스트가 많을수록 검색을 더 잘할 수 있다. 따라
서 컴퓨터는 프랑스어와 영어처럼 흔한 언어 쌍을 포르투갈
어와 타지크어처럼 쌍방 번역된 역사가 거의 없는 언어 쌍보
다 훨씬 쉽게 번역한다. 후자의 경우 컴퓨터는 국제연합의 통
번역자처럼 중계 번역에 의지하는 한편, 규칙 기반 기법과 통
계 기법을 섞어 활용할 수 있다. 그럼에도 흔치 않은 언어 쌍
들에 대한 신식 번역은 러시아어를 영어로 옮긴 구식 번역보
다 별반 낫지 않을 공산이 크고, 어쩌면 그보다 못할 것이다.

그리 드물지 않은 중국어와 영어 쌍마저 몇몇 난점을 보여
준다. 다음은 통계 기반 프로그램을 선도하는 구글 번역으로
여행 웹사이트 트립어드바이저(Tripadvisor)의 중국어 고객 후
기를 영어로 번역한 것이다.

In Lanzhou, Jinjiang position better than the Mandarin and Crowne Plaza. Just a little old facilities, service is not dominant. Breakfast overslept, no experience. The hotel's transportation is convenient, although near the noisy area, probably because of the high floors medial, still relatively quiet. The hotel's free Wi-Fi off, less effective.

구글 번역(영어→한국어): 란저우에서 진강은 만다린과 크라운 플라자보다 좋은 위치에 있습니다. 조금 오래된 시설, 서비스는 지배적이지 않습니다. 아침 늦잠, 경험 없음. 이 호텔의 교통편은 시끄러운 지역 근처에 있지만 편리할 것입니다. 아마도 중간층이 높고 여전히 조용하기 때문일 것입니다. 호텔의 무료 Wi-Fi는 덜 효과적입니다.

역자 번역: 란저우에서 진장 호텔은 중국 크라운 플라자보다 더 좋은 위치에 있어요. 시설이 조금 오래되었고 서비스가 월등히 좋지는 않아요. 늦잠을 자서 조식은 못 먹었네요. 교통편은 편리하고, 시끄러운 지역 근처에 있기는 해도 호텔 중앙 고층에 묵어서 그런지 비교적 조용했어요. 호텔 무료 와이파이는 속도가 별로네요.

1970년대 '현대 공항'에 대한 서술보다 이 영어가 조금 더 이해하기 쉬울 것이다. 그런데 더 흥미로운 차이는 두 문단에서 드러나는 부자연스러움의 종류에 있다. 1970년대 기계 번역에는 관용어법이 전혀 없어서 인간이 개입해 영어처럼 들리도록 손봐야 했다. 그에 반해 구글 번역에는 'just a little', 'probably because of', 'still relatively quiet'처럼 자연스러운 표현들이 있다. 이로 미루어 구글 프로그램이 인간의 자료들을 가져다 새롭게 활용한다는 것을 알 수 있다. 다만 아직까지 그 자료들을 완벽하게 꿰맬 만한 수준에 이르지는 못했다.

번역에 접근하는 통계 기반 방법과 규칙 기반 방법의 가장 큰 차이는, 통계 기반 프로그램은 스스로 발전할 수 있다는 점이다. 당신이 구글 번역에서 번역을 바로잡을 때마다 프로그램은 그 교정을 고려하며, 듀오링고(Duolingo) 같은 언어 학습 애플리케이션들은 기계 번역에 데이터를 제공한다. 사실 어떤 번역이든 디지털화되거나 온라인에서 이용할 수 있게 되면 컴퓨터가 흡수하여 미래의 선택에 반영할 수 있다.

이 비범한 기술은 빠르게 진전되고 있다. 그러면서 우리와 언어의 관계를 근본적으로 바꾸고 있다. 이 기술은 이전에 불가능했던 의사소통을 가능하게 한다. 그리고 사람들로 하여금 그들이 안다고 생각했던 언어의 낯선 형태를 마주하게 한다. "Breakfast overslept, no experience"를 보라. 당신은 이 표현이 무엇을 말하려는지 알 수 있지만, 언어의 한 조각으로 여기고 즐길 수도 있다. 이 표현에는 시와 비슷한 면이 있다.

메모리, 현지화, 사이보그

다국적 기업들은 번역을 필요로 한다. 그러나 구글 번역 같은 프로그램들이 텍스트를 집어삼키는 방식은 정보 보안에 문제가 된다. 그래서 보통 다국적 기업들은 구글 번역과 비슷하게 작동하되 자사 문서를 비공개로 유지하는 소프트웨어를 사용한다. 또한 '번역 메모리'를 활용하는데, 비교적 작은 병렬 말뭉치인 이것은 특정한 종류의 텍스트―또는 어떤 장문 텍스트의 일부―가 이미 어떻게 번역되었는지 보여주고, 새로 번역할 때 어떻게 번역할지 제안한다. 그리고 핵심 단어들이 언제나 같은 방식으로 번역되도록 용어 데이터베이스를 유지한다.

다국적 기업들이 번역을 필요로 하는 한 가지 이유는 소비자들이 자신에게 익숙해 보이는 곳에서 쇼핑하기를 좋아하기 때문이다. 현지화란 기업이 웹사이트를 어디서 운영하든 현지에서 편안하게 보이도록 조정하는 과정을 말한다. 이 과정은 웹사이트의 언어뿐 아니라 디자인과 기능성까지 번역하는 작업을 포함한다. 이를테면 글을 왼쪽에서 오른쪽, 오른쪽에서 왼쪽, 위쪽에서 아래쪽 가운데 어떤 방향으로 읽는지, 날짜를 어떻게 처리하는지, 알파벳을 쓰지 않는 언어로 항목들을 어떻게 정렬하는지, 전체적으로 어떻게 보이고 느껴지는지 등을 고려해야 한다. 이런 포괄적 현지화의 필요성은 언어가 행동 습관 및 비언어 의사소통과 연관된다는 것을 보여준다.

번역이 필요한 다른 이유는 물론 기업 직원들끼리 여러 언어로 의사소통할 수 있어야 하기 때문이다. 다양한 요구 조건들에 어울리는 번역 방식들은 각기 다르다. 그런 까닭에 웹사이트를 현지화하는 초기 단계에는 십중팔구 인간의 전문지식이 상당히 들어가야 한다. 하지만 일단 웹사이트를 구축하고 나면 웹 형식이나 실시간 채팅 기술처럼 언어 사용이 간단하고 대화 화제를 예측할 수 있는 의사소통 채널을 기계번역으로 처리할 수 있을 것이다.

그렇지만 기업 보고서는 번역 메모리와, 어쩌면 다른 컴퓨터화된 자료들과 협업하는 인간이 번역할 가능성이 높다. 그렇다면 그 번역자는 일부는 인간이고 일부는 기계인 사이보그 번역자인 셈이다. 요즘 전문 번역가들은 거의 언제나 이런 식으로 작업한다. 그리고 당신도 할 수 있다. 당신이 할 일은 어떤 외국어 텍스트를 구글 번역에 넣어 "Breakfast overslept, no experience"처럼 반쯤 영어인 번역을 얻은 다음 그것을 이해하여 "늦잠을 자서 조식 얘기는 못하겠네요"처럼 번역을 완성하는 것뿐이다. 우리는 모두 사이보그 번역자가 되어가고 있다.

집단, 샛길, 글로컬 언어

물론 인터넷은 사람들과 기계를 연결하는 데 그치지 않는다. 인터넷은 사람들과 그 밖의 사람들도 연결하며, 이는 인간 번역자 집단들을 모아 사실상 합동 프로젝트를 진행할 수 있음을 의미한다. 일부 상업 번역 서비스가 이런 식으로 운영되고 있으나 집단 번역을 활용하는 더 흥미로운 사례는 자원자들의 번역이다. 필요한 언어 능력을 갖춘 사람이라면 누구나 위키피디아 웹사이트의 한 페이지를 다른 언어로 번역할 수도 있고, 가상현실 환경 '세컨드 라이프'(Second Life: 미국 기업 린든 랩이 개발한 온라인 가상세계―옮긴이)를 현지화하는 데 기여할 수도 있다.

보수를 받기 위해서가 아니라 신념을 위해 작업하는 시민 번역자 집단은 국제 뉴스 통신사들의 공식 채널 너머로 정보를 전달할 수 있다. 웹사이트 글로벌 보이스(Global Voices)는 대부분 자원자인 800명 이상의 기고자와 번역자에 의지해 자칫 간과될 수도 있는 이야기들을 30개 언어로 번역하여 부각시킨다. 글로벌 보이스는 하버드 대학에서 시작되었지만, 더 험한 환경에서 번역하는 시민들도 있다. 모시린(Mosireen)은 2011년 이집트 혁명의 사건들을 촬영해 널리 알리고 뒤이은 억압을 기록해온 단체다. 모시린은 자원자들에 의지해 영상에 자막을 단다.

이처럼 집단 번역은 비공식 '샛길'을 만들어 이것이 없었다면 접근하지 못했을 정보에 사람들이 다가갈 수 있게 한다. 또한 번역상 난점들과 그것들을 극복하는 방책에 대한 의식을 퍼뜨린다. 위키피디아는 어떤 번역을 추구하는지 설명한다. 이를테면 필요한 경우 편집하고, 문외한이 이해하지 못할 용어를 설명하고, 표준 백과사전 문체를 사용하라고 말한다. 아이디어에 관한 강연 영상의 보고인 테드(TED)는 자원자들에게 자막을 입힐 때 명료한 언어를 사용하고, 초당 21자 이하로 읽기 속도를 유지하고, 적절한 곳에서 줄을 나누고, 공동 자막 제작자를 정중히 대하라고 가르친다. 번역은 사람들이 언어를 사용하면서 점점 더 의식하고 눈여겨보는 부분이 되어가고 있다.

이 변화는 유쾌한 결과를 가져오기도 한다. 일본 만화 애니메이션은 팬 층이 두텁다. 팬들은 반쯤 합법인 방법으로 영상을 입수하여 더 많은 사람들이 볼 수 있도록 영어로 자막을 넣는다. 이 일은 '팬 자막 달기(fansubbing)'라 불린다. 자막을 다는 팬들은 애니메이션을 사랑하고 또 아마추어로 남을 자유가 있는 까닭에 공식 자막 제작자라면 생각하기 어려운 방식으로 자막을 혁신할 수 있다—다만 불행히도 그들 작업의 저작권이 모호한 탓에 어떤 혁신 사례도 이 책에 그대로 재수록할 수 없다. 가령 일본 만화의 한 장면에서 일본어 글자들로 뒤덮인 칠판 앞에 교사가 서 있으면 영어 번역문도 일본어처럼 수직으로 배열한다. 말장난에 대한 설명을 본 자막에 담지 못하면 화면 상단에 작은 글자로 집어넣기도 한다. 두 전술 모두 저작권에 지분이 있다고 느껴질 정도로 일본 만화에 열중하는 '팬심'에 의존한다. 팬 자막 제작자들은 보통 원작의 영역으로 남겨두는 장면에도 더러 개입하고, 영상 자체에 자신의 인상을 써넣기도 한다.

이런 혁신적 관행이 생겨나는 이유는 일본 만화에 자막을 넣는 팬들이 욕구와 전제를 공유하는 공동체를 형성하기 때문이다. 그들은 세계 각지에 흩어져 있을지 모르지만, 그들의 행위는 지역성의 분위기, 자치단체의 분위기를 풍긴다. 그들은 자기네에게 중요한 것을 표현하기 위해 통상적인 번역 관습에서 벗어날 자유가 있다고 느낀다.

'이집트 혁명발(發) 여성들의 말(Words of Women from the Egyptian Revolution)'은 모시린과 비슷한 미디어 활동가 단체다. 일본 만화 팬들처럼 이 단체는 자기네 신념에 부합하는 번역 관행을 채택한다. 영상에 에스파냐어 자막을 넣을 때면 이 언어의 구조 때문에 보통 성별을 구분해야만 한다. 예를 들어 '친구'를 여성형인 'amiga' 아니면 남성형인 'amigo'로 써야 한다. 그러나 이 표기는 이 단체에서 사용하는 이집트 아랍어의 어법에도 맞지 않고, 그들이 나타내려는 젠더 정체성 개념

과도 상충된다. 그래서 이 단체의 자막 제작자들은 에스파냐 페미니스트들의 전술을 차용하여 편견을 갖게 하는 'a'와 'o'를 중성적인 'x'로 바꾼다.

번역자들은 다른 방법으로도 '아랍의 봄'의 에너지와 기존 번역 관습이 어긋난다는 것을 똑똑히 보여줄 수 있다. 2015년 카이로에서 열린 어느 회의에서는 이집트 혁명의 핵심 용어들과 영어 용어들이 서로 대략 대응할 뿐 차이가 난다는 것, 그리고 서구에서 생각하는 '민주주의'와 이집트 활동가들이 구현하려는 시민사회가 비슷하면서도 다르다는 것을 강조했다. 그럼에도 이집트 여성 활동가들의 사례와 일본 만화 팬들의 사례 둘 다 사람들을 가상 지역성으로 결집하는 인터넷의 힘을 보여준다. 인터넷을 매개로 한데 모인 사람들은 언어와 번역 관행을 통해 그들 자신의 길을 개척할 수 있다. 이런 '지역' 공동체는 누구에게나 목격될 수 있고, 따라서 세계적인 반향을 일으킬 수 있다. 단순히 지역 공동체가 아니라 '글로컬 (glocal)' 공동체인 것이다.

글로컬 번역은 이 장을 시작하면서 살펴본 공식 채널들과 대조된다. 글로컬 번역은 표준 국어가 아니라 공동체 기반 언어이자 소수집단의 언어이자 방언이며, 효율적인 의사소통으로서의 번역이 아니라 언어 간 차이와 의미를 이해하는 개개인의 역할을 드러내고 즐기는 번역이다.

　나는 방언들과 작은 언어들 사이 번역에 헌신하는 트란스페레(Transferre)라는 새로운 웹사이트를 우연히 발견했다. 이곳은 어떤 웨일스어 시와 갈라시아어 번역을 문자와 음성으로 제공하고 영어 번역문도 제공한다.

　Cerddoriaeth gynta ein gwald

　oedd pitran y glaw yn y coed

　A primeira música do noso país

　foi o repenique da choiva no bosque

　The first music of our country

　was the pitter-patter of rain in the woods

　우리 고장의 첫 음악은

　숲속에 후드득 떨어진 빗소리였다

　나는 웨일스어도 갈라시아어도 모르지만, 두 언어의 시어들이 의미하는 무언가를 짜맞출 수 있다. 나는 그 시어들이 연주하는 소낙비를 즐길 수 있다.

제 7 장

번역 문학

국문학

'문학'이라는 단어는 자리잡기를 좋아한다. 이 단어는 세계의 특정 지역에 붙기도 하고('아프리카 문학', '남아메리카 문학') 특정 언어에 붙기도 한다('아랍어 문학', '라틴어 문학'). 무엇보다 문학은 민족국가들, 특히 유럽 국가들에 달라붙는다('프랑스 문학', '이탈리아 문학', '러시아 문학'). 유달리 복잡한 예는 '영문학'이다. 전형적인 '영문학(Eng Lit)' 대학 강의는 아일랜드, 스코틀랜드, 웨일스, 미국, 인도, 아프리카, 오스트레일리아, 그 밖에 다른 어디서든 영어로 쓴 작품들을 포함할 것이다. 그러면서도 그 강의는 이 모든 각양각색 소재들을 그레이트브리튼 북아일랜드 연합왕국에 속하는 잉글랜드 민족의 문화와 연관지을 것이다.

문학작품들을 이렇게 자리매김시키는 지리에 따르면, 어떤 시든 책이든 희곡이든 '한 문화'에 속한다. 그리고 보통 '한 문학'은 '한 문화'(대개 민족문화)를 표현하는 '한 언어'에 속한다. 번역에 관한 전제들은 이런 사고방식을 고수한다. 이 관점은 문학 번역자의 과제란 어떤 문학-언어-문화에 속하는 텍스트를 다른 문학-언어-문화에 속하는 텍스트로 재현하는 것임을 시사한다. 문학에서 민족성에 역점을 두는 사고방식은 내가 말한 '완고한 번역관'을 조장한다.

그렇지만 이런 문학 관념은 편파적인 구성물, 역사와 지리에 따른 우연적인 구성물에 불과하다. 이 관념은 책과 특히 신문이 전국 단위로 유통되면서 사람들에게 하나의 민족문화를 공유하며 살아간다는 느낌을 심어주는 데 일조한 18세기 유럽에서 구체화되기 시작했다. 만일 보르도 지방에 사는 당신과 파리에 사는 누군가가 똑같은 뉴스를 읽는다는 것을 안다면, 당신은 그와 당신이 동일한 '상상의 공동체'에 속한다고 느낄 것이다. 영국에서 출판사들은 『무어의 영국 고전』이나 『영국 시인들의 작품집』 같은 선집을 펴냈다. 독일에서 지식인들은 문화적 민족성을 정교하게 다듬었다. 요한 고트프리트 헤르더에게 상이한 문학은 상이한 민족정신(Volksgeiste)의 표명이었다.

19세기 동안 자유주의적 민족주의자들은 전제 체제에 맞서 이런 사고에 의지했다. 오늘날의 민족국가 이탈리아는 당시만 해도 오스트리아-헝가리 제국과 더 작은 몇몇 왕국 및 공국으로 쪼개져 있었다. 하지만 주세페 마치니와 그의 추종자들은 이탈리아가 장차 통일을 이루고 독립할 운명이라고 믿었다. 그 이유는 경제학이나 지리학보다 문학에 있었다. 마치니의 스코틀랜드인 친구 토머스 칼라일은 이렇게 말했다. "가련한 이탈리아는 갈가리 찢기고 뿔뿔이 흩어져 있어 그 어떤 협정문이나 조약문에도 통일체로 나오지 않는다. 그러나 고귀한 이탈리아는 실제로 하나다. 이탈리아는 단테를 낳았다. 이탈리아는 말할 수 있다!"

이처럼 문학을 민족 건설의 동력으로 삼은 예는 세계 곳곳에서 찾아볼 수 있다. 1930년대 상하이에서 자오지아비(趙家璧)라는 편자는 『중국신문학대계』를 펴내기 시작했다. 그는 좌파의 중국 민족관을 고취하려 했으며, 일본을 거쳐 들어온, 문학의 역할에 관한 서구 사상에서 실행 방법을 얻었다. 영 제국 치하 인도에서 공직에 진출하려는 지원자들은 영국 문학 시험을 치러야 했다. 빅토리아 시대에 이 정책을 설계한 매콜리 경은 "어디서 퍼지든 영국 문학은 영국의 덕성과 영국의 자유를 수반할 것이다!"라고 선언했다. 영국 내에서도 학교와 대학에서 영문학 강의는 민족 건설을 염두에 두고 계획되었다.

이런 일군의 전제들은 문학 번역이 불가능하다는 관념을

지지한다. 어떤 문학 텍스트가 다른 언어-민족들과 별개인 하나의 언어-민족에 결정적으로 속하는 것이라면, 번역자들은 '완고한 번역관'의 요건을 충족하지 못할 수밖에 없다. 그들은 다른 언어-민족이라는 매체로는 그 텍스트를 결코 재현하지 못할 것이다. 앞서 살펴본 대로 언어 사용의 다양한 형태들에서 번역으로 받아들이는 화용론적 등가 개념은 문학 번역에는 불충분해 보인다. 문학에서 중요한 것은 특정한 언어와 문화에 깊숙이 박혀 있는 문학의 착근성이다. 그리하여 익숙한 한탄이 터져나온다. 어떤 번역본도 원본만 못하다! 시는 번역 중에 사라진다!

그러나 문학작품들을 다르게 자리매김시키는 세계 지리가 있다면 어떨까? 서구에서 유래해 19세기와 20세기에 우세를 점했던 이런 사고방식과 달리, 문학이 하나의 언어와 민족 전통에 묶여 있지 않다면 어떨까?

다중언어 창작

사뮈엘 베케트는 영어와 프랑스어로 창작했고, 자신의 작품들을 두 언어로 직접 번역했다. 블라디미르 나보코프는 러시아어와 미국 영어로 썼고, 역시 자신의 작품들을 두 언어로 번역했다. 조지프 콘래드는 폴란드어가 제1언어, 프랑스어가 제

2언어였음에도 소설을 영어로 썼다. 나보코프의 러시아어가 그의 미국 영어에 활력을 불어넣고 베케트의 두 언어가 서로 자극을 주고받았던 것처럼, 콘래드의 영어는 폴란드어와 프랑스어의 영향을 받아 풍성해지고 특색을 갖추었다.

라이너 마리아 릴케는 독일어뿐 아니라 프랑스어로도 시를 썼다. 사실 프랑스어는 서로 다른 문학에 속하는 것처럼 보일 지도 모르는 여러 작품에 등장한다. 레프 톨스토이의 위대한 러시아어 소설 『전쟁과 평화』는 프랑스어화된 러시아어와 프랑스어로 쓴 긴 구절들을 포함한다. 샬럿 브론테의 영어 소설 『빌레트Villette』는 프랑스어 단어를 많이 포함하며, 이는 로런스 스턴의 『트리스트럼 섄디Tristram Shandy』도 마찬가지다(이 소설에는 라틴어 단어도 제법 들어 있다). 아일랜드 극작가 오스카 와일드는 대부분의 희곡을 영어로 썼지만 『살로메Salomé』는 프랑스어로 썼다. 윌리엄 벡퍼드(William Beckford)는 영어 작가였으나 그의 소설 『바테크Vathek』는 프랑스어 작품이다. 진 리스(Jean Rhys)는 파리를 배경으로 하는 소설들에서 영어와 프랑스어를 섞어 쓴다.

T. S. 엘리엇 역시 때로 프랑스어로 썼다. 그의 시 「황무지The Waste Land」에는 독일어, 이탈리아어, 라틴어 시행들과 산스크리트어를 전자(轉字)한 시행들까지 들어 있다. 에즈라 파운드의 「칸토스Cantos」는 몇몇 유럽어와 더불어 만다린어를 포

함한다. 제임스 조이스의 『피네건의 경야Finnegans Wake』의 생경한 어휘는 여러 언어의 합성물이다. 이런 유의 작품을 가리켜 흔히들 모더니즘의 전형이라 말하지만, 사실 유럽에서 다중언어 작품은 예로부터 늘 쓰여왔다. 단테 알리기에리는 이탈리아어 말고도 라틴어를 많이, 프로방스어를 조금 사용했다. 16세기에 테오필로 폴렝고(Teofilo Folengo)는 라틴어와 이탈리아어 방언들을 섞은 '혼합어'를 사용했다. 한 세기 후에 존 밀턴은 영어는 물론이고 그리스어, 라틴어, 이탈리아어로도 시를 썼다. 그리고 오늘날 예컨대 다와다 요코(多和田葉子, 독일어, 일본어)나 이사벨 델 리오(Isabel del Rio, 에스파냐어, 영어) 같은 작가들도 다중언어로 왕성하게 집필하고 있다.

이런 사례들은 유럽의 국문학들과 인도, 아프리카, 동아시아의 상상력 풍부하고 빠르게 확산되고 있는 다중언어 문화들을 때때로 대조하는 시각에 도전한다(이 외에도 많은 사례들이 있다). 물론 이 문화들 내에도 여러 형태가 있다는 데 유념해야 한다. 가령 산스크리트어 드라마에서는 상류층만 산스크리트어로 말하고 하층민은 다른 언어인 프라크리트어를 사용한다. 인도 작가 A. K. 라마누잔(Ramanujan) 같은 사람의 경험도 있다. "어린 시절 나는 엄마한테는 마드라스 타밀어로 말했고, 우리를 위해 요리하는 아엥가〔인도의 카스트 중 타밀 브라만의 한 그룹―옮긴이〕 가정부들한테는 마이소르 타밀어로 바꿔 말했으며, 집 밖에서 친구들과는 칸나다어로 말했다. 아빠는 사무실 위층에서 영어로 대화했다." 당신이 나이지리아 소설가 치누아 아체베(Chinua Achebe)를 읽는다면 그의 작업이 다중언어 맥락과 어떻게 관련되는지 아는 것이 중요하다. 아체베는 나이지리아를 아우르고 더 나아가 국제 독자층에게 닿기 위한 언어로서 영어를 선택했지만, 동시에 자신의 부족어인 이그보어로 영 제국의 어법을 굴절시켰다.

한편의 다중언어 문화들과 다른 한편의 유럽 국문학들을 대비하는 것은 지나친 단순화다. 내가 언급한 사례들이 보여주듯이, 유럽의 문예문화 역시 다중언어 문화다. 많은 유럽 작가들이 창작하면서 한 언어만 고수한 것은 사실이다. 그러나 그들의 글에서는 다른 언어들이 얼룩이나 색조처럼 묻어나곤 했다. 로버트 브라우닝은 때로 시에 그리스어로 양념을 쳤고 (이를테면 「아리스토파네스의 변론Aristophanes' Apology」에서) 때로 시를 이탈리아어처럼 들리도록 썼다. 마르셀 프루스트는 존 러스킨(John Ruskin)의 영어를 오랫동안 연구하면서 자신의 독특한 문체를 형성했다.

그런가 하면 창작하면서 한 언어를 고수하는 작가들이 번역자로 나서기도 한다. 제프리 초서는 이탈리아어, 프랑스어, 라틴어를 영어로 옮겼다. 알렉산더 포프는 호메로스를 번역했다. 힐다 둘리틀(Hilda Doolittle)은 에우리피데스를 번역했다.

체사레 파베세(Cesare Pavese)는 (현대 이탈리아의 다른 많은 작가들처럼) 영국과 미국 작품을 많이 번역했다. 일본 소설가 무라카미 하루키와 미국 단편소설 작가 리디아 데이비스(Lydia Davis)는 저명한 번역가이기도 하다.

형식과 영향은 언어들을 가로지른다. 바이런은 이탈리아 희극적 로맨스의 양식을 채택했다. 푸시킨은 아메데 피쇼(Amédée Pichot)와 외제브 드 살(Eusèbe de Salle)의 프랑스어 번역본을 통해 바이런의 작품을 배웠다. 엘리자베스 배럿 브라우닝은 아이스킬로스, 단테, 스탈 부인, 조르주 상드에 의지했다. 헨리 제임스는 영어권 선배 작가 너새니얼 호손이나 조지 엘리엇 못지않게 (프랑스어, 독일어, 영어 번역을 통해 접한) 플로베르와 투르게네프에게서 영향을 받았다. 괴테는 요제프 폰 하머(Joseph von Hammer)가 번역한 하페즈(Hafez)의 페르시아 시에서 영감을 받았다. 셰익스피어는 (번역문으로, 그리고 간혹 원문으로) 라틴어, 그리스어, 이탈리아어, 프랑스어 자료에 의지했다. 셰익스피어는 그 무렵에 번역을 통해 엄청나게 풍요로워진 언어를 토대로 문체를 형성했다. 'to castigate thy pride'(그대의 교만을 벌하기 위해)나 'Jove multipotent'(전능한 신께 맹세코) 같은 구는 이런 번역 열기의 흔적을 간직하고 있다('castigate'(벌하다)와 'multipotent'(전능한)는 라틴어 'castigare'와 'multipotens'에서 유래했다). 이런 표현은 뒤죽박죽 이중어 사전에서 발췌한 구절과 비슷하다.

국어를 가꾸는 과제에 일로매진하는 작가일지라도 다른 가능성들을 의식한다. 윌리엄 워즈워스가 한 예로, 그는 라틴어에 더 가까운 어휘를 고르는 다른 시인들과 자신의 문체를 대조했다. 하나의 언어로 작품을 쓰면서도 그 언어의 다양한 형태들 간의 차이를 드러낼 수 있다. 가령 관용구와 속어를 능란하게 구사하는 찰스 디킨스의 작품에서 이 차이가 나타난다. (예를 하나만 들자면) 올리버 트위스트는 '아트풀 다저'(Artful Dodger: 교묘히 피해 다니는 사람이라는 뜻으로, 등장인물 잭 도킨스의 별명―옮긴이)의 도심 방언을 마치 외국어인 양 번역하는 법을 배워야 한다.

요컨대 서구 문학 역시 다중언어 문학이며, 실은 언제나 그래왔다. 이 사실은 번역에 어떻게 문제가 될까?

번역문학(Translaterature)

제2장에서 살펴봤듯이 언어들은 나란히 정렬할 수 있는 별개 독립체들이 아니다. 어떤 언어와 다른 어떤 언어의 관계는 언제나 복잡한 관계, 서로 다른 부분과 겹치는 부분, 비슷해 보이지만 뜻이 다른 단어들이 뒤섞여 있는 관계다. 게다가 언어들 자체가 내적으로 다양한 방언들, 사용역들, 말버릇들로

나뉜다.

그러므로 (제3장과 제4장에서 보았듯이) 번역은 원천 텍스트와 같아지려 노력하는(그리고 당연히 실패하는) 문제가 아니다. 원천 텍스트의 의미와 성격은 당신이 그저 받아들이면 그만인 것들이 아니다. 당신이 텍스트를 읽으면서 텍스트와 상호작용하여 직접 떠올려야 하는 것들이다. 그런 다음 번역에 나선다면, 당신은 원천 텍스트와는 다른 맥락에서 다른 재료를 가지고 새로운 텍스트를 만드는 것이다. 당신은 그 다른 맥락에서 당신의 텍스트가 원천 텍스트를 가능한 한 대신하기를 바랄 것이다. 다시 말해 원천 텍스트와 비슷한 역할을 하거나 비슷한 효과를 발휘하기를 바랄 것이다. 그러나 당신이 어떤 텍스트를 쓰든 그것을 손에 넣은 독자들은 당연히 그들 각자의 방식으로 해석할 것이다.

언어 사용의 여러 종류에서 글쓰기 규범과 번역 규범, 해석 규범은 모두 강하게 규제받는다. 우리가 살펴본 사례들 중에는 뉴스 보도와 국제연합 결의안이 있다. 그러나 문학은 상상적·언어적 놀이의 영역이다. 픽션에서는 무슨 일이든 벌어질 수 있다. 시 형식은 낱말들을 새로운 방식으로 한데 모은다. 문학작품의 페이지에는 언어의 어떤 종류든, 어떤 조합이든 등장할 수 있다. 느슨한 의미의 번역(내가 번역성이라 부른 것)은 낱말을 새로운 맥락에 집어넣고 관념을 놀라운 방식으로 바꿔 말하는 문학 창작에 필수적이다. 언어 간 번역은 이 과정에 참여한다. 다른 언어의 자극은 신선한 시각과 화법을 고무할 수 있다. 다른 문화는 새로운 서사 가능성과 다른 존재 양식을 제시할 수 있다.

문학 창작에 내재하는 번역성은 문학 번역자를 특정한 곤경에 빠뜨리는 동시에 특정한 기회를 열어준다. 예를 하나 살펴보자. 알렉산더 포프의 시 「머리타래 강탈The Rape of the Lock」은 1712년부터 1717년까지 발표될 때마다 점점 길어졌다. 이 시는 상류사회에서 어느 이름 모를 남작이 당대의 '잇걸(it-girl)' 벨린다의 어여쁜 머리에서 머리타래를 가위로 싹둑 잘라버린 고약한 일화를 이야기한다. 포프는 영웅시를 모방한 문체로 이야기를 들려준다. 다시 말해 서사시의 언어를 사용하여 별것 아닌 일로 시작해 크게 번진 소동을 풍자한다. 포프는 서사의 에피소드와 표현법을 호메로스의 『일리아스』(1720년까지 포프 자신이 번역했다)와 베르길리우스의 『아이네이스』(20년 전에 존 드라이든이 탁월하게 옮긴 유명한 번역본이 있었다)에서 번역된 형태로 가져다 쓴다.

어느 대목에서 남작은 벨린다의 머리타래를 자르고 또 가질 수 있게 해주십사 신들께 기도한다.

The Pow'rs gave Ear, and Granted half his Pray'r,

The rest, the winds dispers'd in empty Air.

신들이 귀기울여 듣고는 그의 기도의 절반은 이루어주고,

나머지 절반은 바람에 실어 허공에 흩뜨렸다.

포프의 이 구절은 『아이네이스』에서 아이네이아스의 동맹자 중 하나인 아룬스가 볼스키족 전사 카밀라를 무찌르고 살아서 고향으로 돌아가게 해달라는 기도를 본뜬 것이다. 드라이든은 그 대목을 이렇게 번역했다.

Appollo heard, and granting half his Pray'r

Shuffled in Winds the rest, and toss'd in empty Air.

아폴론이 듣고는 그의 기도의 절반은 들어주고

나머지 절반은 바람에 섞어 허공으로 던졌다.

눈치 빠른 독자라면 포프가 드라이든의 번역을 많이 모방했음을 알아챘을 것이다. 그러나 포프는 베르길리우스의 라틴어(아래)에 더 가까워지도록 영어에 변화를 주기도 했다.

Audiit, et voti Phoebus succedere partem

Mente dedit, partem volucris dispersit in auras.

포이부스가 듣고는 기도의 일부는 이루어주기로 결심하고

다른 일부는 바람에 실어 허공에 흩뜨렸다.

드라이든은 'shuffled', 'toss'd'처럼 오래된 영어에서 유래한 활기찬 단어들을 선택함으로써 베르길리우스와 자신의 차이를 드러냈다. 그에 반해 포프의 시구 'dispers'd in… Air'는 라틴어 시구 'dispersit in auras'를 빼닮았다.

포프의 시구들의 효과는 번역 관계를 설정하는 데서 생겨난다. 마치 이렇게 말하는 듯하다. "베르길리우스의 이 비극적 대목과 우리가 얼마나 비슷한지 보라(심지어 드라이든보다 더 비슷하다!)"―그러면서도 포프는 아룬스와 비교해 남작이 지극히 하찮은 기도를 하는 것처럼 보이게 만든다. 이 시의 번역성은 복잡하고 미묘한 차이를 빚어낸다. 그것은 이를테면 '완고한 번역관' 모델에 따라 문학을 번역하는 사람들을 절망에 빠뜨리는 차이다.

그렇지만 이 시의 번역성은 번역자에게 기회를 열어주기도 한다. 최근에 비올라 파페티(Viola Papetti)가 이탈리아어로 옮긴 포프의 시는 그런 기회를 보여준다.

i numi ascoltarono, e per meta esaudirono la prece,

il resto, i venti lo dispersero per l'aere vuoto.

포프의 어휘가 라틴어와 비슷하다는 것은 곧 이탈리아어와도 비슷하다는 것을 의미한다. 'dispersero per l'aere'는 'dispers'd in... Air'와 의미뿐 아니라 소리까지 겹치고, 베르길리우스와의 관계도 비슷하다. 물론 드라이든과의 대비는 약해졌는데, 이는 18세기 초 잉글랜드에서 포프의 위치와 관련된 대비였기 때문이다. 그 대신 다른 문학적 연계가 생겼다. 예컨대 단테는 『신곡』에서 'per l'aere nero'(검은 대기를 가로질러), 'per l'aere perso'(어두운 대기를 가르며), 'per l'aere maligno'(사악한 대기를 가르며) 등 'per l'aere'에 형용사를 더한 구를 자주 사용했다. 그리고 단테는 드라이든처럼 베르길리우스에게 크게 빚진 시인이었다.

요컨대 이런 번역 행위로 인해 잃는 것도 있고 얻는 것도 있다. 잃는 것은 포프 시 특유의 문학적 삼각관계(베르길리우스-드라이든-포프의 관계―옮긴이)에 더해 리듬과 압운이다. 그렇지만 다른 한편으로 번역 덕에 또다른 삼각관계(베르길리우스-포프-파페티의 관계―옮긴이)를 얻을 뿐 아니라 포프를 포함한 후기 서사시 다중언어 전통의 폭을 새롭게 의식하게 된다. 이탈리아어 번역은 포프에게 영감을 주었고 단테에게도 중요했던 베르길리우스의 특색을 보여준다. 또한 서로 판이하고 서로의 작품을 전혀 읽지 않았던 단테와 포프가 의외로 밀접한 관계임을 드러낸다.

　20세기 전반에 독일 지식인 발터 벤야민(Walter Benjamin)이 쓴 「번역자의 과제Die Aufgabe des Übersetzers」라는 유명한 에세이가 있다. 이 글의 매력은 번역을 이해하기 위해 언어를 다채롭게 사용한다는 것이다. 벤야민은 번역의 정확성이나 등가를 말하기보다 '생존(Überleben)'·'펼침(Entfaltung)'·'숙성(Nachreife)'으로서의 번역에 대해 말한다. 이 단어들은 문학 텍스트란 지면이나 화면 위 활자 덩어리에 불과한 것이 아니라 사람들이 텍스트를 읽고 반응하고 재해석하고 번역할 때 펼쳐지는 상상적 잠재력의 원천이라는 느낌을 표현한다.

　파페티가 이탈리아어로 옮긴 「머리타래 강탈」은 벤야민이 염두에 두었던 작은 예다. 파페티의 번역이 특별히 뛰어난 것은 아니다. 앞서 살펴본 두 행에서 숙성 효과는 번역자 개인보다 언어들의 겹침에서 생겨난다. 정말로 탁월한 번역에서는 언어들의 에너지와 번역자의 천재성이 결합하여 독특한 표현법이 생겨난다. 나는 이것을 '번역의 시심(詩心)'이라고 부른다.

　한 가지 예는 에즈라 파운드가 고대 중국의 시들을 영어로 번역한 시집 『캐세이』다. 제1장에서 살펴봤듯이, 파운드는 한시의 형식을 본떠 함축성과 감정을 낯설게 결합하는 영어 문체를 창조한다. 시집 첫머리의 일러두기에서 파운드는 창작을 추동하는 상상력이 어떤 경로를 거쳐 시집이 출간된 시공간에, 즉 1915년 런던에 닿았는지를 설명한다. "시 대부분의 출처는 이백의 한시, 고(故) 어니스트 페놀로사(Ernest Fenollosa)의 노트, 모리(Mori) 교수와 아리가(Ariga) 교수의 판독문이다."

따라서 『캐세이』의 첫 번역시 「변방 궁수들의 노래Song of the Bowmen of Shu」〔원작 시는 『시경詩經』에 실린 「채미采薇」다─옮긴이〕를 마주하는 독자들은 시어들이 고대 중국과 전시〔1차대전─옮긴이〕 영국이라는 두 장소의 결합에서 생겨난다는 것을 의식하게 된다.

Here we are, picking the first fern-shoots

And saying: When shall we get back to our country?

Here we are because we have the Ken-in for our foemen,

We have no comfort because of these Mongols.

우리 여기서 고사리 첫 싹 따고 있네

그리고 말하네, "언제나 우리 고향으로 돌아갈까?"

우리 여기 있는 것은 오랑캐가 우리 적이기 때문이라네

이 몽골족 때문에 편히 쉬지 못하네.

원문

采薇采薇	고사리 따세 고사리 따세
薇亦作止	고사리 돋아나네
曰歸曰歸	돌아가세 돌아가세

歲亦莫止	올해도 저물어가네
靡室靡家	집이 없다네 집이 없다네
玁狁之故	오랑캐 때문이라네
不遑啟居	편히 쉴 겨를이 없네
玁狁之故	오랑캐 때문이라네

이 시어들은 대다수 영어 독자들이 무슨 뜻인지 모를 '오랑캐(the Ken-in)'와 관련된 고대 중국의 분쟁 못지않게 당대 1차대전의 서부전선을 암시한다. 이 작품이 불러일으키는 심상은 현대의 전쟁과 오래전 이역만리에서 벌어진 전투를 연결하는 방식에서 비롯된다. 그리고 이 연계를 만드는 것은 번역이다.

'번역의 시심'은 온갖 상상적 관계를 떠올릴 수 있다. 로마 시인 루크레티우스를 옮긴 드라이든의 「사랑의 본성에 관하여Concerning the Nature of Love」처럼 욕망을 탐구할 수도 있고, 로마 시인 카툴루스의 비가 101번을 옮긴 앤 카슨(Anne Carson)의 「녹스Nox」처럼 상실을 탐구할 수도 있고, 에드워드 피츠제럴드(Edward Fitzgerald)의 『오마르 하이얌의 4행시 Rubaiyat of Omar Khayyam』처럼 변화의 여러 형태를 탐구할 수도 있다. '번역의 시심'은 언어들, 시대들, 장소들, 사람들을 층층이 쌓을 수 있고, 이것들의 연관성과 차이를 추적할 수 있다.

산문 역시 번역을 통해 성장할 수 있다. W. G. 제발트(Sebald)는 잉글랜드 동부에서 살면서도 독일어로 집필했다. 픽션과 작가 자신의 일생을 섞은 제발트의 책들은 이주와 기억, 상실을 탐구한다. 마이클 헐스(Michael Hulse)와 앤시아 벨(Anthea Bell)이 영역한 제발트의 책들은 대성공을 거두었다. 한 가지 확실한 이유는 번역문의 조금 생경한 느낌과 제발트의 주제가 조화를 이루었다는 데 있다. 벨이 번역한 『아우스터리츠Austerlitz』의 도입부는 다음과 같다.

In the second half of the 1960s I travelled repeatedly from England to Belgium, partly for study purposes, partly for other reasons which were never entirely clear to me, staying sometimes for just one or two days, sometimes for several weeks.

1960년대 후반에 나는 반쯤은 연구 목적으로, 반쯤은 내게도 완전히 확실하지 않은 다른 이유들 때문에 수차례 잉글랜드에서 벨기에로 가서 때로는 하루나 이틀만, 때로는 몇 주씩 머물렀다.

이 문체의 세밀함은 조금 낯선 느낌을 주면서도 어휘를 아주 신중하게 골랐음을 시사한다. 화자가 잉글랜드에 완전히 정착하지 않는 것과 마찬가지로, 이 번역문은 영어로 쓰였지만 완전히 영어는 아닐 것이다. (물론) 영어 번역문의 효과는 독일어 원문의 효과와 약간 다르지만, 번역으로 인해 무언가 상실되었다는 느낌을 주는 것은 아니다. 파운드의 『캐세이』처럼 이 번역의 중층적 언어도 상상을 불러일으키려는 노력에 적합하다. 이 세밀하고 생경한, 캐묻는 목소리는 방금 인용한 도입부 문장에서나("내게도 완전히 확실하지 않은 다른 이유들") 책 전체에 걸쳐서나, 알 수 없는 것을 탐색한다.

번역이 문학에 위협이 된다는 말이 가끔 들린다. (그런 주장에 따르면) 지구화된 세계에서 우리는 번역문으로 읽는 데 익숙해질 것이고, 저자들은 자기 저술이 더 쉽게 번역될 수 있도록 쓰는 법을 배울 것이다. 그리고 문체 면에서 번역문은 결코 원문만큼 생생하지 못할 것이므로, 그 결과로 언어적·상상적 가능성이 점차 말라갈 것이다.

분명 번역문은 대개 원문보다 단조롭다. 때로는 번역자가 그리 훌륭한 문장가가 아니고, 때로는 번역의 언어상 난제가 너무 버겁다. 그러나 번역되는 과정에서 성장하는, 새로운 복잡성과 힘을 기르는 작품들로 이루어진 번역문학 — 'translaterature'라고 불러야 할까? — 도 있다.

번역극

연극은 본디부터 번역적 형식이다. 한편으로, 모든 공연은 생생하게 전달된다. 공연은 사람들이 다른 사람들 앞에서 하는 것이고, 그들 모두 짧은 시간 동안 함께 작품을 경험한다. 말하자면 '라이브'인 것이다. 다른 한편으로, 모든 공연은 반복이기도 하다. 모든 공연은 이전 공연에서 소재와 의미를 가져온다. 라이브 공연이므로 이전 공연과 어딘가 조금 다를 수밖에 없을 것이다. 공연을 다시 보는 것은 비디오를 다시 보는 것과 다르다. 새로운 연극의 초연일지라도 시사회의 반복이고, 시사회는 다시 리허설의 반복이며, 모든 반복은 지난번 반복과 조금씩 다르다. 위대한 고전의 공연은 다른 시간과 공간에서 다른 언어로 무대에 올렸던 많은 공연 및 제작을 반복하면서도 어딘가 다를 것이다.

연극용 번역은 이처럼 유동적으로 반복하고 변경하는 관행의 일부가 된다. 위대한 드라마의 골격은 여러 방식으로 재구성될 수 있다. 남편의 아들 힙폴뤼토스를 사랑하여 비극적 결말을 맞는 파이드라의 이야기는 고대 아테네에서 에우리피데스의 손을 거쳐 『힙폴뤼토스Hippolytus』라는 제목으로 극화되었다. 이것을 아들 세네카가 라틴어 『파이드라Phaedra』로 개작했고, 장 라신(Jean Racine)이 프랑스어 『페드르Phèdre』(1677)로, 가브리엘레 단눈치오(Gabriele D'Annunzio)가 이탈리아어 『페드라Fedra』(1909)로, 미겔 데 우나무노(Miguel de Unamuno)가 에스파냐어 『페드라Fedra』(1911)로, 유진 오닐

(Eugene O'Neill)이 미국 영어 『느릅나무 밑의 욕망Desire under the Elms』(1924)으로, 마리나 츠베타예바(Marina Tsvetaeva)가 러시아어 『페드라Fedra』(1928)로, 토니 해리슨(Tony Harrison)이 영어 『파이드라 브리타니카Phaedra Britannica』(1975)로, 페르 올로프 엔크비스트(Per Olov Enquist)가 스웨덴어 『페드라에게로Till Fedra』(1980)로, 세라 케인(Sarah Kane)이 다시 영어 『파이드라의 사랑Phaedra's Love』(1996)으로 개작했다. 이 작품들은 『힙폴뤼토스』를 다른 언어로 개작하고 신선하게 제작한 사례들 중 소수에 지나지 않는다. 이 외에 다른 많은 고전 드라마들도 숱하게 개작되어왔다.

이렇게 연극적 재현 양식은 번역, 각색, 바꿔 쓰기를 혼합하고, 이것들을 다시 새로운 제작 아이디어 및 연기 스타일과 배합한다. 간혹 '번역-각색(tradaptation)'이라는 용어를 사용하기도 한다. 각색의 최우선 목표는 공연 현장에서 효과를 거두는 것이다. 『맥베스』를 줄루어로 번역-각색한 극작가 웰컴 음소미(Welcome Msomi)는 인정(人情)을 우유로 나타낸 이미지("당신은 인정milk of human kindness이 너무 많아요")가 줄루어 맥락에서 별로 효과를 거두지 못할 것이라 생각해 빼버렸다. 그 대신 그의 희곡에서 맥베스 부인은 남편의 '비둘기' 같은 인정을 걱정한다.

희곡을 원문에 충실하게 번역하더라도 공연에서는 다른 무

엇보다 대사로 말할 수 있는 단어들을 사용해야 한다. 체호프
의 『이바노프Ivanov』를 영역한 피터 카슨(Peter Carson)의 펭
귄 클래식 번역본에서 한 등장인물은 한 대목에서 이렇게 말
한다. "It's so frightfully boring that I'd simply like to run off
and bang my head on a wall. And Lord have mercy on us
all!"(어찌나 끔찍하게 지루한지 그냥 내달려서 머리를 벽에 쾅 부
딪치고 싶어. 그래도 주님은 우리 모두에게 자비를 베푸시지!) 데이
비드 해로워(David Harrower)의 2002년 런던 국립극장 공연
용 번역은 이 구절을 "I'm so bored I want to take a run at a
wall"(너무 지루해서 벽을 들이박고 싶어)로 바꾸었다. 연극용 번
역이 흔히 그렇듯이 이 경우에도 영어 단어들은 적어도 두 사
람, 즉 원천 텍스트와 씨름하는 번역자와 그것을 관객에 맞게
각색하는 극작가의 손을 거쳐 탄생했다.

　그렇다면 연극용 번역은 우리가 제3장과 제4장에서 탐구
한 진실을 극명하게 보여주는 사례다. 번역은 결코 그저 '어떤
언어'로 옮기는 것이 아니라 언제나 어떤 상황에서 어떤 목적
을 위해 언어의 어떤 종류로 옮기는 것이다. 심지어 공연 공간
의 규모에 따라 번역이 달라지기도 한다. 안드레아 페기넬리
(Andrea Peghinelli)는 필립 리들리(Philip Ridley)의 1991년 희
곡 『피치포크 디즈니The Pitchfork Disney』를 영어로 옮겼다. 본
래 이탈리아 도시 스폴레토에서 야외 상연을 염두에 두었던

이 번역은 무대가 로마의 작은 실험극장으로 바뀌자 그에 맞추어 변경되어야 했다. "대사 한 줄을 말하면서 7 내지 8미터를 걸어야 하는 것과 두세 걸음만 걸어도 되는 것은 정말로 다르다. (…) 밀실공포를 일으키는 객석에 앉을 다른 관객들은 장황한 독백들 중 일부를 '용인'하지 않을 것이다."

연극이 관객들 코앞에서 직접 다가가는 까닭에 연극 제작은 대개 동시대와 관련이 있다. 2015년 모스크바에서 러시아어로 공연된 셰익스피어의 『눈에는 눈, 이에는 이Measure for Measure』는 블라디미르 푸틴 정권의 권력 남용에 대한 비판이 되었다. 남아프리카공화국에서 『줄리어스 시저』를 번역-각색한 『세자르SeZar』는 2001년 그레이엄즈타운에서 공연되었을 때 그 무렵 발생한 암살 사건에 대한 논평처럼 보였다. 물론 어떤 연극이든 이런 식으로 비칠 수 있지만, 번역은 앞서 살펴본 파운드의 『캐세이』처럼 아주 먼 시공간의 상상적 소재까지 당대의 현실과 연결할 수 있다. 극작가 콜린 티번(Colin Teevan)은 에우리피데스의 『아울리스의 이피게네이아』를 번역-각색한 1999년 희곡 『이프...Iph...』에서 전쟁 노력을 위해 희생되는 한 소녀를 그렸는데, 이 설정이 당대의 사건을 떠올리게 했다. "그 작품은 아일랜드 배우들을 염두에 두고 썼지만, 팔레스타인에서 첫번째 여성 자살폭탄 테러가 발생한 직후 (…) 〔런던〕 코테슬로 극장에서 독회할 때 사람들은 그 반향에 크게 술렁였다."

연극 번역에서 성공의 관건은 시대적 연관성과 가화성 (speakability)만이 아니다. 배우들의 동작과 음성을 구상하는 안무도 지극히 중요하다. 연극의 언어는 작품을 표현하는 움직임 및 소리와 협력해야 한다.

생생한 사례로 이탈리아인 극작가 겸 희극배우 다리오 포 (Dario Fo)가 1986년 미국에서 순회공연하며 겪은 일화가 있다. 포는 이탈리아어로 공연했고, 통역자 론 젠킨스(Ron Jenkins)가 옆에 서서 그의 말을 즉석에서 영어로 바꾸어 말했다. 관건은 리듬과 몸짓이었다.

포는 교황 요한 바오로 2세의 공항 도착을 묘사한다. 교황이 공항 문에 모습을 보이면서 몽타주 기법이 절정에 이를 때까지 (…) 그는 마치 뉴스 방송을 하듯이 상황을 전달한다. 포의 말 빠르기는 차츰 느려지다가 교황의 외모를 자세히 묘사할 즈음엔 스타카토 말투가 된다. "회색 머리칼. 파란 눈. 커다란 미소. 황소같은 목. 불룩한 가슴근육. 또렷한 복근. 허리춤의 벨트. 그리고 무엇보다 발까지 내려오는 빨간 망토. 슈퍼맨!"
나는 시행착오를 거쳐 '슈퍼맨' 앞에 나오는 표현들이 짧고 힘차지 않으면 이 결정타가 웃음을 끌어내지 못한다는 것을 알았다. (…) 두 언어의 순차적 리듬이 아주 중요하며, 포는 자신이 말하는 사이사이에 내 통역의 박자에 맞추어 낱말들에서 연상되는 특성을 몸짓으로 묘사한다. 'Capelli d'argento.' '회색 머리칼.' 'Occhi cerulli.' '파란 눈.' 'Grande sorriso.' '커다란 미소.' 이탈리아어. 영어. 이탈리아어. 영어…… 이러쿵저러쿵…… '슈퍼맨!'…… 낱말들의 의미에 더해 예감과 허풍까지 번역해야 한다.

연극에서는 몸과 목소리의 표현력으로 관객들에게 특이한 언어적 표현을 곧이곧대로 받아들이고 또 즐기도록 강요할 수 있다.

사뮈엘 베케트의 희곡들이 좋은 예다. 이들 작품은 안무를 정확하게 지시하고 섬세하게 말할 수 있는 어휘를 사용하지만, 관객들은 상황 전개의 의미를 분명하게 알기 어렵다. 관객들은 무언가 이상한 것에 사로잡힌다. 번역은 이 효과를 낳는 데 일조했다. 베케트는 때로는 프랑스어로 쓴 다음 영어로 번역했고 때로는 그 반대로 했다. 어떤 순서로 번역했건 두 언어로 쓰인 텍스트들은 상상적 번역 공간에 있다. 그것들은 다른 언어에서 나왔든지 아니면 다른 언어로 곧 들어가려는 참이다. 문학비평가 아널드 케틀(Arnold Kettle)은 그 결과를 좋아하지 않았다. 베케트의 『고도를 기다리며Waiting for Godot』를 런던에서 처음 제작한 작품에 대해 그는 "베케트 본인의 프랑스어를 형편없이 옮긴 번역처럼 들린다"라고 말했다. 이 말은

『고도를 기다리며』의 번득이는 언어에 대한 부당한 평가이면 서도 어떤 진실을 가리킨다. 베케트의 글은 희곡으로서 생생 하지만, 영어와 프랑스어의 언어 표준에서 조금 벗어나 있기 도 하다. 앞서 살펴본, 제발트를 옮긴 앤시아 벨의 영역과 다 소 비슷하다.

연극 관객들은 어떻게든 공연을 외국어로 즐기기도 한다. 모국어로 내용을 미리 알아두기도 하고, 오페라 공연에서처 럼 자막의 도움을 받기도 한다. 2015년에 러시아어로 제작된 『눈에는 눈, 이에는 이』와 2001년에 셰익스피어의 영어와 줄 루어, 코사어, 남소토어, 츠와나어, 초치탈어를 섞은 『세자르』 는 둘 다 영국에서 성공리에 상연되었다. 이것이 현대적 현상 처럼, 세계화의 부산물처럼 보일 수도 있다. 2012년, 런던 글 로브 극장은 올림픽 개막에 맞춰 37개 언어로 제작한 셰익스 피어 연극 37편을 무대에 올렸다. 하지만 실은 빅토리아 시대 런던 사람들도 프랑스어와 이탈리아어로 공연하는 셰익스피 어 연극을 즐거이 보러 다녔다. 그들은 점잔 빼는 영어 공연에 서 억제하는 셰익스피어 희곡의 깊이를 열정적인 외국인들이 드러낼 수 있다고 생각했다.

겉보기에 이것은 번역을 이상하게 사용하는 경우다. 당신의 모국어를 당신이 이해하지 못하는 언어로 번역한 연극을 보 러 가기로 선택하는 것이기 때문이다. 그러나 이런 공연에서 당신은 움직임, 몸짓, 억양에 더 주목하여 신체와 음성으로 표현하는 의미를 해석하는 데만 집중할 수 있다. 작품을 더 강렬하게 경험할 수도 있는 것이다.

모든 연극 번역은 신체언어와의 협력에 의존한다. 이 점에서 연극 번역은 다른 종류의 번역들과 다르다. 물론 영상 자막과 더빙은 배우들의 연기 위에 포개지지만, 배우들이 자막과 더빙에 연기를 맞추는 것은 아니다. 그리고 픽션이나 시의 번역자가 때로 원천 텍스트의 저자와 함께 자기 번역물을 낭독할 수 있다 해도, 의미를 풍부하게 더한다는 점에서 낭독은 연극 제작만 못하다. 요컨대 공연이라는 요소는 연극 번역의 결정적이고 독특한 일면이다.

그럼에도 연극이라는 특별한 사례는 모든 번역의 기능을 이해하는 데 일조할 수 있다. 연극 제작과 마찬가지로 모든 번역은 원천 텍스트를 해석한다. 당신은 이미 읽었거나 본 작품의 새로운 면을 발견하기 위해 (극장으로 향하는 것처럼) 번역물로 향할 수 있다. 이런 이유로 당신은 어떤 언어(설령 당신의 제1언어라 해도)로 된 텍스트에 정말로 관심이 있다면, 그것을 당신이 아는 다른 언어로 번역한 텍스트까지 찾아볼 것이다. 단일 언어 사용의 결점은 다른 언어로 쓰인 글과 담을 쌓게 된다는 데 그치지 않는다. 그에 더해 모국어로 된 글에 대한 이해력을 높여줄 자원까지 결여하게 된다.

다른 관점에서 보면, 연극 제작은 하나의 해석이 아니다. 오히려 연극 제작 자체가 대본의 도움을 받아 탄생한 '극'이다. 제4장에서 보았듯이, 번역물이 원천 텍스트에 대한 해석에 불과한 것도 아니다. 번역물은 그 자체로 해석을 필요로 하는 상상의 새로운 산물이기도 하다. 여러 분야에서 번역의 이런 창조적 작업은 제한되고 또 무시되고 있다. 사용설명서, 뉴스 기사, 국제연합 결의문 같은 기능적 텍스트를 옮긴 번역물은 언제나 새로운 무언가를 가져온다. 하지만 번역 규칙은 이런 번역물의 창조성을 최대한 억누르고, 해석 관습은 그 창조성을 알아채지 못하게 방해한다.

그러나 공연되는 문학이든 인쇄되는 문학이든, 문학에서는 번역의 이중 본성이 꽃을 피울 수 있다. 문학 번역물은 다른 작품에 대한 해석인 동시에 그 자체로 작품으로 보일 수 있다. 이 이중 본성으로 문학 번역물은 현재와 과거를 연결하고, 이곳과 다른 곳을 연결한다. 또한 문화들과 그 안에 사는 사람들 사이에 다리를 놓아 관념들, 감정들, 본능들의 차이와 연관성을 탐구할 수 있게 한다. 문학 번역이 번역 일반의 관건을 그토록 훤히 드러내는 이유, 번역 문학(translational literature)이 그토록 강력한 상상의 통로인 이유가 바로 여기에 있다.

두 가지 미래

첫째 미래에는 기계번역이 효율적인 도구로서 점점 더 많이 사용될 것이다. 사람들은 더이상 외국어를 깊게 배울 필요성을 느끼지 않을 것이다. 컴퓨터에 의지하지 못할 때도 사람들은 거의 누구나와 글로벌 영어로 의사소통할 수 있을 것이다. 글로벌 영어란 어디에나 속하면서도 어디에도 속하지 않는 까닭에 표현의 풍부함과 뉘앙스를 결여하는 영어를 말한다. 이를테면 만국 번역투다. 사업, 정치, 과학, 교육의 국제무대에서 더는 필요하지 않은 국어들은 갈수록 용도가 줄어들 것이다. 수많은 방언들처럼 쪼그라들 것이다. 향수의 대상이자 보존협회의 일거리가 될 것이다. 각기 다른 인쇄문화에서 각기 다른 언어로 수세기에 걸쳐 발달한 표현력은 경직되고 빛이 바랠 것이다.

둘째 미래에는 인터넷과 이주 등 세계화 요인들로 인해 언어적 차이를 더욱 의식하게 될 것이다. 우리는 기계번역 프로그램을 의사소통을 위해서만이 아니라 표현의 다른 가능성을 탐구하기 위해서도 사용할 것이다. 영어는 퍼져나가면서 갈라질 것이다. 지역과 가상의 언어 공동체들은 영어를 각자의 목적대로 형성하면서 지난날의 라틴어처럼 분화시킬 것이다. 만다린어, 포르투갈어, 스와힐리어처럼 영어와 경쟁하는 글로벌 언어들은 사라지지 않을 것이다. 다중언어 사용을 향유하는 사람들은 목적과 기분에 따라 여러 언어를 구사할 것이다. 가령 수다는 이 언어로 떨고, 글은 저 언어로 쓰고, 업무는 또다른 언어로 처리할 것이다.

두 가지 미래 모두 정확히 이대로 전개되지는 않을 것이다. 그러나 둘 다 어느 정도는 현실이 될 것이다. 두 추세는 서로를 양분으로 삼는다. 번역은 어떻게 보면 언어들의 적, 언어들을 단조롭게 만들고 균질화하는 힘이다. 그러나 번역은 언어들의 연인이기도 하다. 번역은 차이를 분별하고 존중하며, 언어적 혁신을 자극한다. 번역과 마찬가지로 언어 자체의 핵심도 우리의 의사소통을 가능하게 해주는 것만이 아니다. 그에 더해 언어는 우리가 서로 다를 수 있게 해준다. 언어는 우리가 저 집단이 아닌 이 집단에 속하게 해주고, 일부 사람들이 다른 사람들보다 우리를 더 잘 이해하게 해준다. 요컨대 언어는 우리가 우리 자신일 수 있게 해준다.

이런 이유로 번역은 우리가 언어를 사용하고 언어에 관해 생각하는 방식의 중심에 있어야 한다. 번역은 차이를 드러내고 즐기는 동시에 연결한다. 번역은 바벨탑이 저주였던 것만큼이나 축복이었음을 인정한다.

감사의 말

이 작은 책은 광활한 풍경의 지도를 그린다. 자신 없는 영역에서 발걸음을 옮기도록 도와주고 자칫 놓쳤을 수도 있는 랜드마크를 지적해준 학자들에게 감사드린다. 타니아 드미트리우, 모나 베이커, 발렌티나 고세티, 제임스 해들리, 샤오판 에이미 리, 모하메드–살라 오므리가 그들이다. 특히 원고를 읽고서 수정하고 개선할 점을 제안해준 아드리아나 제이컵스와 익명의 평가자, 그리고 옥스퍼드 대학 출판부의 제니 누지, 조이 멜러, 질리언 노스컷 라일스 등에게 감사드린다. 이 책에 담긴 생각은 연구단체 옥스퍼드 비교 비평·번역(OCCT)의 활기와 온기에서 자양분을 얻었다. 옥스퍼드 인문학 연구 센터, 세인트앤스 칼리지, 그리고 연구를 지원해준 마리아 페레라스 윌레츠에게도 감사드린다.

참고문헌

제1장 언어 교배하기

나보코프는 자신이 번역하고 논평한 Alexandr Pushkin, *Eugene Onegin: A Novel in Verse*, 2 vols, rev. edn (Princeton, NJ: Princeton University Press, 1975)에서 이 견해를 취한다.

한문훈독은 Judy Wakabayashi, 'The Reconceptualization of Translation from Chinese in 18th-Century Japan', in Eva Hung (ed.), *Translation and Cultural Change: Studies in History, Norms, and Image Projection* (Amsterdam: John Benjamins, 2005), 121-45에서 설명된다. 다음도 참조하라. James Hardly, 'Theorizing in Unfamiliar Contexts: New Directions in Translation Studies' (미발표 박사학위논문: University of East Anglia, 2013).

Ezra Pound, 'The Beautiful Tiolet', 1-2, *Collected Shorter Poems* (London: Faber and Faber, 1968)에서 인용.

Bernard Lewis, *From Babel to Dragomans: Interpreting the Middle East* (London: Weidenfeld and Nicolson, 2004), 29.

Martha P. Y. Cheung (ed.), *An Anthology of Chinese Discourse on Translation,* vol. 1: *From the Earliest Times to the Buddhist Project* (Manchester: St Jerome, 2006), 7-12.

Ovid's Epistles, translated by several hands (London: Jacob Tonson, 1680).

제2장 정의

Martha Cheung (ed.), *An Anthology of Chinese Discourse on*

Translation, vol. 1, 7-12.

Maria Tymoczko, *Enlarging Translation, Empowering Translators* (Manchester: St Jerome, 2007), 71.

Ronit Ricci, 'On the Untranslatability of 'Translation': Considerations from Java, Indonesia', in Ronit Ricci and Jan van der Putten (eds), *Translation in Asia: Theories, Practices, Histories* (Manchester: St Jerome, 2011), 58.

릴리와 셰익스피어, 그 밖에 다른 사람들이 단어 'translate'를 사용한 방식은 Mattew Reynolds, *The Poetry of Translation: From Chaucer & Petrach to Homer & Logue* (Oxford: OUP, 2011), 1-8에서 논의된다.

John Dryden, *The Poems*, ed. Paul Hammond and David Hopkins, 5 vols (London: Longman, 1995-2005), i, 384-5, and iv, 446; John Dryden, *The Works*, ed. E. N. Hooker, H. T. Swedenberg, Jr, et al., 20 vols (Berkeley and London: University of California Press, 1956-2000), v, 329-30. Reynolds, *The Poetry of Translation*, 73-4도 참조.

데리다의 에세이 「바벨탑」은 Joseph F. Graham의 번역으로 Joseph F. Graham (ed.), *Difference in Translation* (Ithaca, NY: Cornell University Press, 1985), 165-207과 209-48에 실려 있다.

Myriam Salama-Carr, 'Interpreters in Conflict—The View from Within: An Interview with Louise Askew', *Translation Studies* 4.1 (2011), 103-8, 106.

William Barnes, *Poems of Rural Life in the Dorset Dialect: With a Dissertation and Glossary* (London: John Russell Smith, 1844), 11-12; Dryden, *Poems*, v, 80.

George Steiner, *After Babel: Aspects of Language and Translation* (1975; 3rd edn, Oxford: OUP, 1998), xii, 49. 이 대목의 논의는 *The Poetry of Translation*, 9-11에 있는 나의 논증에 의존한다.

제3장 단어, 맥락, 목적

Christine Brooke-Rose, *Between* (1968), in *The Brooke-Rose Omnibus* (Manchester: Carcanet, 1986), 417-18.

J. C. Catford, *A Linguistic Theory of Translation* (Oxford: OUP, 1965), 49.

프랑스어의 명사 편애는 J. P. Vinay and J. Darbelnet, *Stylistique comparée du Français et de l'Anglais* (Paris: Didier, 1973), 103에서 상술된다.

모리스 춤 지침의 출처는 〈http://www.themorrisring.org/sides/jigs-some-thoughts〉 (2015년 9월 25일 접속)의 'Jigs—An Aide Memoire'다.

Catford, *A Linguistic Theory of Translation*, 39.

Tony Harrison, *Theatre Works 1973-1985* (Harmondsworth: Penguin, 1986), 190.

Aeschylus, *Oresteia*, tr. Alan H. Sommerstein (Cambridge, MA, and London: Harvard University Press, 2005), 5.

Robert Browning, *Poetical Works*, 16 vols (London: Smith, Elder & Co, 1888-89), xiii, 269.

제4장 형식, 정체성, 해석

The International Language of ISO Graphical Symbols (Geneva: ISO Central Secretariat, 2013), 15, 18, 22.

Gordon Brotherston, *Image of the New World: The American Continent Portrayed in Native Texts* (London: Thames and Hudson, 1979), 51-2.

예로 든 중국어 문장의 출처는 Mona Baker, *In Other Words: A Coursebook on Translation*, 2nd edn (Abingdon: Routledge, 2011), 154다.

Dante Alighieri, *Hell*, tr. Dorothy L. Sayers (Harmondsworth: Penguin, 1949), 1.

Dante Alighieri, *The Divine Comedy*, tr. Henry Wadsworth Longfellow, 3 vols (London: George Routledge and Sons, 1867), i, 1.

Friedrich Schleiermacher, 'Über die verschiedenen Methoden des Übersezens', in Hans Joachim Störig (ed.), *Das Problem des Übersetzens* (Darmstadt: Wissenschaftliche Buchgesellschaft, 1963), 47.

이국화와 자국화의 이항관계는 Lawrence Venuti가 *The Translator's Invisibility: A History of Translation* (Abingdon: Routledge, 1995; 2nd edn, 2008)에서 부각시켰다.

Interpretation in the Asylum Process: Guide for Interpreters (Helsinki: Finnish Immigration Service Refugee Advice Centre, 2010), 9. 〈http://www.migri.fi/download/16471_Tulkkaus_turvapaikkamenettelyssa_Opas_tulkeille_en.pdf?fd625908f746d288〉 (2015년 5월 27일 접속).

Andrew Bank, *Bushmen in a Victorian World: The Remarkable Story of the Bleek-Lloyd Collection of Bushman Folklore* (Cape Town: Double Storey, 2006), 87.

*Specimens of Bushman Folklore*는 W. H. I. Bleek 박사와 L. C. Lloyd 가 수집하고 Lloyd가 편집했으며, George McCall Theal이 서론을 썼다. (London: George Allen and Company, 1911), 84-5.

댄 건의 서평은 *The Times Literary Supplement* 5466 (2008년 1월 4일)에 실렸다. 바사니의 원문과 위버의 번역문은 *The Times Literary Supplement* 5472 (2008년 2월 15일)에 실린 매켄드릭의 답변에서 인용했다.

The *Consolidated Version of the Treaty on European Union*은 〈http://
eur-lex.europa.eu/legal-content/en/TXT/?uri=CELEX:12012M/TXT〉
(2015년 6월 10일 접속)에서 인용했다.

제5장 권력, 종교, 선택

Polybius, *Histories* 20. 9-10; 로마 집정관의 응수는 Livy, *Ab urbe
condita* 36.28에 있다. 두 텍스트 모두 Perseus Digital Library 〈http://
www.perseus.tufts.edu/hopper/〉 (2015년 6월 2일 접속)에서 인용했다.
Michael Cronin, *Translation in the Digital Age* (Abingdon: Routledge,
2013), 15 참조.

험프티 덤프티는 Lewis Carroll, *Alice's Adventures in Wonderland and
Through the Looking Glass*, ed. Hugh Haughton (Harmondsworth:
Penguin, 1998), 186에 나온다.

국제연합 안전보장이사회의 결의안 242호는 Bernard Lewis, *From Babel
to Dragomans: Interpreting the Middle East* (London: Weidenfeld and
Nicolson, 2004), 30에서 논의된다.

와이탕기 조약문과 해설은 〈http://www.nzhistory.net.nz/politics/
treaty-of-waitangi〉 (2015년 9월 25일 접속)에 있다. 이 조약의 역사적
맥락은 Sabine Fenton and Paul Moon, 'The Translation of the Treaty
of Waitangi: A Case of Disempowerment', in Maria Tymoczko and
Edwin Gentzler (eds), *Translation and Power* (Amherst: University of
Massachusetts Press, 2002), 25-44에서 논의된다. 노먼비 경의 말은 30
페이지, 카이타이아 족장 나페라 파나카레아오의 말은 40페이지에서 인용했
다.

미국 복음주의 웹사이트, 〈http://www.wycliffe.org/about/why〉 (2015년
6월 10일 접속).

Haslina Haroun, 'Early Discourse on Translation in Malay: The Views of Abdullah bin Abdul Kadir Munsyi', Ronit Ricci and Jan van der Putten (eds), *Translation in Asia: Theories, Practices, Histories* (Manchester: St Jerome, 2011), 73-87, 76.

Eugene Nida, *Toward a Science of Translating: With Special Reference to Principles and Procedures Involved in Bible Translating* (Leiden: E. J. Brill, 1964), 160.

William A. Smalley, *Translation as Mission: Bible Translation in the Modern Missionary Movement* (Macon, GA: Mercer, 1991), 3, 41, 174.

Jost Oliver Zetzsche, *The Bible in China: The History of the Union Version or The Culmination of Protestant Missionary Bible Translation in China* (Nettetal, GE: Sankt Augustin, 1999), 77-82.

A. C. Partridge, *English Biblical Translation* (London: Deutsch, 1973), 22, 41, 95.

루터 관련 서술은 Daniel Weissbort and Astradur Eysteinsson (eds), *Translation — Theory and Practice: A Historical Reader* (Oxford: OUP, 2006), 57-62에서 인용.

아퀴나스의 번역은 Joseph A. Fitzmyer, *Romans, A New Translation with Introduction and Commentary* (New York: Doubleday, 1993), 360-1.

Travis Zadeh, *The Vernacular Qur'an: Translation and the Rise of Persian Exegesis* (London: OUP, Institute of Ismaili Studies와 공동 작업, 2012), 1-19.

병렬 텍스트의 최근 예는 *Al-Qur'ān: A Contemporary Translation*, tr. Ahmed Ali, revised printing (Princeton, NJ: Princeton University Press, 2001).

Kate Sturge, 'Censorship of Translated Fiction in Nazi Germany', *TTR: traductions, terminologie, rédaction* 15.2 (2002), 153-69.

Marta Rioja Barrocal, 'English-Spanish Translations and Censorship in Spain 1962-1969', *inTRAlinea* 12 (2010): 〈http://www.intralinea. org/archive/article/1658〉 (2015년 6월 7일 접속).

Camino Gutiérrez Lanza, 'Spanish Film Translation and Cultural Patronage: The Filtering and Manipulation of Imported Material during Franco's Dictatorship', in Maria Tymoczko and Edwin Gentzler (eds), *Translation and Power* (Amherst: University of Massachusetts Press, 2002), 141-59, 147.

Guido Bonsaver, 'Fascist Censorship on Literature and the Case of Elio Vittorini', *Modern Italy* 8.2 (2003), 165-86, 175.

Mattew Reynolds, 'Semi-Censorship in Browning and Dryden', in Francesca Billiani (ed.), *Modes of Censorship and Translation: National Contexts and Diverse Media* (Manchester: St Jerome, 2007), 187-204.

Mattew Reynolds, *Likenesses: Translation, Illustration, Interpretation* (Oxford: Legenda, 2013), 89.

아일랜드 번역자 통역자 협회의 실천과 전문직 윤리 규약, 조항 5.1.3과 4.1: 〈http://translatorsassociation.ie/component/option,com_docman/ task,cat_view/gid,21/Itemid,61/〉; Julie McDonough Dolmaya, 'Moral Ambiguity: Some Shortcomings of Professional Codes of Ethics for Translators', *The Journal of Specialised Translation* 15 (2011): 〈http://www.jostrans.org/issue15/art_mcdonough.php〉 (2015년 7월 22 일 접속) 참조.

Primo Levi, *Se questo è un uomo* (1947; Milan: Einaudi, 1958), 21. Michael Cronin, *Translation and Identity* (Abingdon: Routledge, 2006), 77 참조.

Gayatri Chakravorty Spivak, *Outside in the Teaching Machine* (Abingdon: Routledge, 1993), 183.

Meena T. Pillai, 'Gendering Translation, Translating Gender', in N. Kamala (ed.), *Translating Women: Indian Interventions* (New Delhi: Zubaan, 2009), 1–15, 13.

Gloucestershire County Council, 'Interpretation and Translation: Policy and Guidance for Staff': 〈http://www.gloucestershire.gov.uk/extra/CHttpHandler.ashx?id-49179&p=0〉 (2016년 6월 30일 접속).

'Trials collapsing thanks to "shambolic" privatisation of translation services': 〈http://www.theguardian.com/law/2013/feb/06/court-interpreting-services-privatisation-shambolic〉 (2015년 7월 12일 접속)

Rabia Rehmen, 'Translator', in Kate Clanchy (ed.), *The Path: An Anthology by the First Story Group at Oxford Spires Academy* (London: First Story Limited, 2015), 20.

Annalisa Sandrelli, 'Gli interpreti presso il tribunale penale di Roma: Un'indagine empirica', *inTRAlinea* 13 (2011): 〈http://www.intralinea.org/archive/article/1670〉 (2015년 7월 15일 접속).

William J. Spurlin, 'Queering Translation', in Sandra Bermann and Catherine Porter (eds), *A Companion to Translation Studies* (Chichester: Wiley-Blackwell, 2014), 298, 300, 307.

Antoine Berman, *l'Épreuve de l'étranger: culture et traduction dans l'Allemagne romantique: Herder, Goethe, Schlegel, Novalis, Humboldt, Schleiermacher, Hölderlin* (Paris: Gallimard, 1984).

제6장 세계 속의 말

유네스코 「번역 인덱스」, 〈http:/portal.unesco.org/culture/en/ev.php-

URL_ID=7810&URL_DO=DO_TOPIC&URL_SECTION=201.html〉.

유럽의회 내 번역에 관한 정보, 〈http://www.europarl.europa.eu/
aboutparliament/en/20150201PVL00013/Multilingualism〉(2015년 7월 25
일 접속).

언어별 토의 시간, 〈http://www.theguardian.com/education/
datablog/2014/may/21/european-parliament-english-language-
official-debates-data〉(2015년 7월 25일 접속).

Deborah Cao and Xingmin Zhao, 'Translation at the United Nations as
Specialized Translation', *Journal of Specialised Translation* 9 (2008),
39-54, 48-51.

Esperança Bielsa and Susan Bassnett, *Translation in Global News*
(Abingdon: Routledge, 2009), 57, 108-10, 63.

Karen Stetting, 'Transediting: A New Term for Coping with the Grey
Area between Editing and Translating', in Graham Caie, Kirsten
Haastrup, Arnt Lykke Jakobsen, et al. (eds), *Proceedings from
the Fourth Nordic Conference for English Studies* (Copenhagen:
University of Copenhagen, 1989), 371-82.

러시아어 기계번역 사례는 F. Knowles, 'Error Analysis of Systran
Output—a suggested criterion for the internal evaluation of
translation quality and a possible corrective for system design', in
Barbara M. Snell (ed.), *Translating and the Computer* (Amsterdam
and Oxford: North-Holland, 1979), 109-33, 130에서 인용.

〈http://www.tripadvisor.co.uk/Hotel_Review-g297409-d455433-
Reviews-Jinjiang_Sunshine_Hotel-Lanzhou-Gansu.html〉(2015년 7월
25일 접속).

다국적 기업들의 필요에 관한 정보, 〈http://www.sdl.com/about〉(2015년
7월 23일 접속).

글로벌 보이스, 〈http://globalvoicesonline.org/about/〉 (2015년 7월 15일 접속).

모시린, 〈http://mosireen.org/〉 (2015년 7월 15일 접속).

위키피디아의 번역 지침, 〈http://en.wikipedia.org/wiki/Wikipedia:WikiProject_Echo〉 (2015년 7월 28일 접속).

테드의 자막 지침, 〈http://www.ted.com/participate/translate/guidelines〉 (2015년 7월 28일 접속).

이집트 혁명발(發) 여성들의 말, 〈http://www.facebook.com/HerstoryEgypt〉; Mona Baker의 논의 참조, 〈http://www.monabaker.org/?p=1567〉 (2015년 9월 26일 접속).

Mona Baker, Yasmin El Rifae, Mada Masr가 조직한 카이로 회의에 관한 Ahmed Refaat의 서술, 〈http://www.monabaker.org/?p=1129〉 (2016년 6월 30일 접속).

Ifor ap Glyn, 'glaw', 1–2행, David Miranda-Barreiro and Philip R. Davies 번역. *Transferre:* 〈https://valentinagosetti.wordpress.com/2015/06/23/welsh-poetry-into-galician-ifor-ap-glyn-translated-by-david-miranda-barreiro-and-philip-r-davies/〉 (2015년 7월 4일 접속).

제7장 번역 문학

Benedict Anderson, *Imagined Communities: Reflections on the Origin and Spread of Nationalism* (London: Verso, 1983).

Herder, *Briefe zu Beförderung der Humanität,* 1797, in *Sämmtliche Werke* 33 vols, ed. Bernhard Suphan et al. (Berlin: Weidmann, 1883), xviii, 134–40.

Thomas Carlyle, *On Heroes, Hero-Worship and the Heroic in History* (1840; London: Chapman and Hall, 1897), 114; 다음을 참조하라. Mattew Reynolds, *The Realms of Verse, 1830-1870: English Poetry in a Time of Nation-Building* (Oxford: OUP, 2001), 17.

Lydia H. Liu, *Translingual Practice: Literature, National Culture and Translated Modernity: China, 1900-1937* (Stanford, CA: Stanford University Press, 1995), 214–17.

매콜리의 말은 Chris Baldick, *The Social Mission of English Criticism, 1848-1932* (Oxford: Clarendon Press, 1987), 70에서 인용.

라마누잔의 말은 Naita Gokhale, 'Negotiating Multilingual Literary Spaces': ⟨http://www.india-seminar.com/2009/600/600_namita_gokhale.htm⟩ (2015년 9월 12일 접속).

William Shakespeare, *Timon of Athens*, Ⅳ. iii. 241 and *Troilus and Cressida* Ⅳ. vii. 13.

Alexander Pope, *The Rape of the Lock*, 2. 45–46. *Il Riccio Rapito* by Viola Papetti (Milan: Rizzoli, 1984), 64로 번역.

John Dryden, *The Aeneis of Vergil*, 11. 794–5; Virgil, *Aeneid*, 11. 794–5.

Walter Benjamin, *Illuminationen. Ausgewählte Schriften*, vol. 1 (Frankfurt am Main: Suhrkamp, 1977), 50–9.

Ezra Pound, 'Song of the Bowmen of Shu', 1–4. *Collected Shorter Poems* (London: Faber and Faber, 1968)에서 인용.

W. G. Sebald, *Austerlitz*, tr. Anthea Bell (London: Penguin, 2001), 1.

번역이 문학을 위협한다는 주장의 한 유형, Tim Parks, 'Literature without Style', *NYR Daily*, ⟨http://www.nybooks.com/blogs/nyrblog/2013/nov/07/literature-without-style/⟩ (2015년 9월 26일 접속).

Martin Orkin, '"I am the tusk of an elephant"—Macbeth, Titus and Caesar in Johannesburg', in A. J. Hoenselaars (ed.), *Shakespeare and the Language of Translation* (London: Arden, 2004), 270–88.

체호프 사례의 출처, Brian Logan, 'Whose Play is it Anyway?', *The Guardian*, 2003년 3월 12일: 〈http://www.theguardian.com/stage/2003/mar/12/theatre.artsfeatures〉 (2015년 9월 10일 접속).

Andrea Peghinelli, 'Theatre Translation as Collaboration: A Case in Point in British Contemporary Drama', *Journal for Communication and Culture* 2.1 (2012), 20–30, 26.

2015년 모스크바에서 상연된 『눈에는 눈, 이에는 이』에 대한 러시아어 후기, 〈http://www.cheekbyjowl.com/measure_for_measure.php〉 (2015년 9월 11일 접속).

Laurence Wright, 'Confronting the African Nightmare: Yael Faber's SeZaR', *Shakespeare in Southern Africa* 13 (2001): 102–4.

콜린 티번은 2003년 11월 11일 런던 올리비에 극장에서 크리스토퍼 캠벨(Christopher Campbell)이 주재한 원탁회의 '번역에 관하여(On Translation)'에서 발언했다. 〈http://www.nationaltheatre.org.uk/discover-more/platforms/platform-papers/on-translation〉 (2015년 9월 11일 접속). 지금은 이 웹사이트에서 찾아볼 수 없다.

Ron Jenkins, 'The Rhythms of Resurrection', in Joseph Farrell and Antonio Scude (eds), *Dario Fo: Stage, Text, and Tradition* (Carbondale, IL: Southern Illinois University Press, 2000), 29–38, 34.

아널드 케틀의 말은 Sinéad Mooney, *A Tongue not Mine: Beckett and Translation* (Oxford: OUP, 2011), 178에서 인용.

외국어 셰익스피어 극을 구경하러 다닌 빅토리아 시대 사람들은 Mattew Reynolds, 'Theatrical Allusion', *Essays in Criticism*, 55.1 (2005), 80–8에서 논의된다.

읽을거리

제1장 언어 교배하기

Paul Hammond, *Dryden and the Traces of Classical Rome* (Oxford, OUP, 1999)은 드라이든의 라틴어 번역을 탐구한다. David Norton, *A History of the English Bible as Literature* (Cambridge: CUP, 2000)는 킹 제임스 성서의 언어에 대한 태도의 변화를 다룬다. 드라고만을 비롯한 중재인들에 관해서는 Noel Malcolm, *Agents of Empire: Knights, Corsairs, Jesuits and Spies in the Sixteenth-Century Mediterranean World* (London: Allen Lane, 2015) 참조. 불경 번역에 관해서는 Martha P. Y. Cheung (ed.), *An Anthology of Chinese Discourse on Translation*, vol 1: *From the Earliest Times to the Buddhist Project* (Manchester: St Jerome, 2006) 참조.

제2장 정의

번역 관행의 다양성과 관련하여 생각을 자극하는 논의는 다음 저작들에서 찾을 수 있다. Theo Hermans, *The Conference of the Tongues* (Manchester: St Jerome, 2007); Douglas Robinson, *The Translator's Turn* (Baltimore and London: Johns Hopkins University Press, 1991); Rita Copeland, *Rhetoric, Hermeneutics and Translation in the Middle Ages: Academic Traditions and Vernacular Texts* (Cambridge: CUP, 1991); Ronit Ricci and Jan van der Putten (eds), *Translation in Asia: Theories, Practices, Histories* (Manchester: St Jerome, 2011); Sandra Bermann and Catherine Porter (eds), *A Companion to Translation Studies* (Chichester: Wiley-Blackwell, 2014). 유익한 선집으로는 Daniel Weissbort and Astradur Eysteinsson (eds), *Translation — Theory and Practice: A Historical Reader* (Oxford: OUP, 2006)와 Mona Baker (ed.), *Critical Readings in Translation Studies* (Abingdon: Routledge, 2010)가 있다.

제3장 낱말, 맥락, 목적

D. A. Cruse, *Meaning in Language: An Introduction to Semantics and Pragmatics*, 3rd edn (Oxford: OUP, 2011)는 의미에 관한 훌륭한 개설이다. J. L. Austin, *How to Do Things With Words* (Oxford: Clarendon Press, 1962)는 언어 행위와 발화에 관한 고전적 논의다. 등가의 다른 종류들은 Mona Baker, *In Other Words: A Coursebook on Translation*, 2nd edn (Abingdon: Routledge, 2011)에서 개관한다. 번역에서 목적의 역할에 관해서는 Katharina Reiss and Hans J. Vermeer, *Towards a General Theory of Translational Action: Skopos Theory Explained* (Manchester: St Jerome, 2013) 참조. 시청각 매체에서 자막을 비롯한 번역 관행에 관해서는 Carol O'Sullivan, *Translating Popular Film* (Basingstoke: Palgrave Macmillan, 2010) 참조.

제4장 형식, 정체성, 해석

Otto Neurath, *International Picture Language: The First Rules of Isotype* (London: K. Paul, Trench, Trubner & Co., 1936)는 형상적 기호에 대한 매력적인 입문서다. Eric Griffiths and Mattew Reynolds (eds), *Dante in English* (Harmondsworth: Penguin, 2005)는 단테 번역의 사례를 여럿 제공한다. 운문 형식 번역의 난점은 Douglas R. Hofstadter, *Le Ton Beau de Marot: In Praise of the Music of Language* (London: Bloomsbury, 1997)에서 유쾌하게 보여준다. 해석 공동체에 관해서는 Stanley Fish, *Is there a Text in this Class: The Authority of Interpretive Communities* (Cambridge, MA, and London: Harvard University Press, 1980)와 Samuel Weber, *Institution and Interpretation*, expanded edn (Stanford, CA: Stanford University Press, 2002) 참조.

제5장 권력, 종교, 선택

Lawrence Venuti, *The Scandals of Translation: Towards an Ethics of Difference* (London and New York: Routledge, 1998)는 특히 출판업에 관한 논의가 훌륭하다. 다음 책들은 제목이 말해주듯이 저마다 흥미로운 특정한 관점을 개진한다. Eric Cheyfitz, *The Poetics of Imperialism: Translation and Colonization from the Tempest to Tarzan* (New York: OUP, 1991); Sherry Simon, *Gender in Translation: Cultural Identity and the Politics of Transmission* (London: Routledge, 1996); Ziad

Elmarsafy, *The Enlightenment Qur'an: The Politics of Translation and the Construction of Islam* (Oxford: Oneworld, 2009); Mona Baker, *Translation and Conflict: A Narrative Account* (London: Routledge, 2006). 일반적 논의는 Michael Cronin, *Translation and Identity* (London: Routledge, 2006)와 Maria Tymoczko and Edwin Gentzler (eds), *Translation and Power* (Amherst: University of Massachusetts Press, 2002) 참조.

제6장 세계 속의 말

번역물의 국제 교역과 유럽의회의 통역 실무 모두 David Bellos, *Is that a Fish in your Ear: Translation and the Meaning of Everything* (London: Particular Books, 2011)에서 흥미롭게 개관한다. Michael Cronin, *Translation in the Digital Age* (Abingdon: Routledge, 2013)는 생각을 자극하는 논의다. Esperança Bielsa and Susan Bassnett, *Translation in Global News* (Abingdon: Routledge, 2009)는 유익한 개관을 제공한다. Mona Baker의 절박한 책 *Translating Dissent: Voices from and with the Egyptian Revolution* (Abingdon: Routledge, 2016)도 참조.

제7장 번역 문학

Tim Parks, *Translating Style: A Literary Approach to Translation; A Translation Approach to Literature*, 2nd edn (Manchester: St Jerome, 2007)는 픽션 번역으로 잃는 것들의 사례를 제공한다. Rebecca L.

Walkowitz, *Born Translated: The Contemporary Novel in an Age of World Literature* (New York: Columbia University Press, 2015)는 앞의 책과 상반되는 견해를 개진한다. Peter Robinson, *Poetry and Translation: The Art of the Impossible* (Liverpool: Liverpool University Press, 2010)은 이 주제를 세심하게 고찰한다. Clive Scott, *Literary Translation and the Rediscovery of Reading* (Cambridge: CUP, 2012)은 독자의 반응을 내보이는 방법으로서의 번역을 탐구한다. Mattew Reynolds, *The Poetry of Translation: From Chaucer & Petrarch to Homer & Logue* (Oxford: OUP, 2011)도 참조.

역자 후기

    내가 처음 공역한 책 『역사와 역사가들』에서는 20세기 전반기에 활동한 영국 역사철학자 로빈 콜링우드(Robin Collingwood)의 사상을 간략히 소개한다. 콜링우드는 자연과학과 역사학을 대비하면서 "과거에 일어난 어떤 사건을 탐구하는 역사가는 사건의 바깥쪽이라 불릴 만한 것과 안쪽이라 불릴 만한 것을 구별한다"라고 말했다. 간단히 말해 사건의 바깥쪽은 겉으로 드러난 인간의 행위이고 안쪽은 그 행위에 내포된 사유다. 콜링우드에 따르면 사건의 바깥쪽에서 탐구를 시작하는 역사가의 주된 과제는 "행위자의 사유를 파악하기 위해 그 행위 속으로 들어가 사유하는 것"이고, 그런 면에서 "사유의 역사, 따라서 모든 역사는 역사가가 자신의 정신 속에서 과거의 사유를 재연하는 것이다".

번역에 관한 책의 역자 후기에서 역사철학자를 인용한 것은 내가 번역하다가 무언가 안 풀릴 때면 위 구절을 떠올리곤 했기 때문이다. 물론 번역자는 사건이 아닌 텍스트를 번역하지만, 원천 텍스트의 바깥쪽에서 시작해 그 안쪽으로 들어가 저자의 사유를 이해하고 해석한 다음 도착어라는 외피를 입힌다는 점에서 번역자의 작업과 역사가의 작업 사이에는 유사점이 있다. 비록 수백수천 년 전에 일어난 사건의 안쪽을 꿰뚫어보려는 역사가만큼은 아닐지라도, 나도 원문 중에서 뜻이 모호한 구절을 만나면 콜링우드가 말한 사유의 재연(재현이 아니다)을 시도하곤 했다. 바꾸어 말하면 저자의 머릿속에서는 죽 이어졌을 사유가 내 머릿속에서는 뚝 끊어지는 이유를 찾고자 했던 것이다. 그 이유는 다양하다. 저자와 번역자의 지식 격차, 문화 차이, 역사적 시점의 차이, 정체성 차이, 그리고 무엇보다 사람마다 다른, 언어를 구사하는 온갖 방식이 있다.

이 책을 옮기는 동안 번역의 이런 난점들에 관한 나의 어지러운 생각을 저자가 미리 알고 명료하게 정돈해주는 듯한 느낌을 받았다. 그만큼 번역에 관한 저자의 사유는 나보다 훨씬 넓고도 깊다. 그러니 쉽고도 적절한 예를 들어가며 번역의 주요 쟁점들을 다각도로 고찰하는 저자의 번역론에 내가 말을 보태봐야 췌언에 지나지 않을 것이다. 다만 저자의 번역론이 이 번역서에 어떻게 적용되었는지 밝히는 것은 유의미할 수도 있겠다.

이 책의 원서는 영국 옥스퍼드 대학 출판부에서 펴내는 〈Very Short Introduction〉 시리즈 중 Translation 편이다. 이 시리즈의 저자들은 대부분 교수다. 중견 학자가 많지만 개중에는 저명한 일급 학자도 적지 않다. 대상 독자는 기본적으로 대학생 이상이다(청소년을 염두에 두고 수준을 낮춰서 쓰지 않는다는 뜻이다). 저자 매슈 레이놀즈도 한 가지 주제를 적당한 깊이와 폭과 분량으로 서술하는 이 시리즈의 형식에 맞추어 썼다. 이 시리즈의 한국어판인 교유서가의 〈첫단추〉 시리즈도 얼추 같은 형식을 유지하고, 나도 그 형식에 맞추어 번역을 했다.

이 번역은 외교술을 내포한다. 나는 저자가 염두에 둔 영어권 독자들이 아닌 한국 독자들이 수용하고 이해할 만한 의미를 의식하여 번역문을 조정했다. 또 이 번역은 집단 번역이다. 초역은 내가 했으나 교정자와 편집자의 손을 거쳐 최종 번역문이 나왔다. 그리고 저자가 인용한 수많은 예를 옮기면서 한국어 번역본들을 참고했고, 그대로 인용하진 않았다 해도 그 번역본들에 큰 빚을 졌다. 나는 이국화 방법과 자국화 방법을 절충했다. 원문의 이국성을 온전히 재현하지도 않았고 남김없이 제거하지도 않았다(또는 그럴 수 없었다). 내가 생각한 저자의 정체성은 번역론에 해박한 문학 전공자다. 특히 베르길리우스, 단테 알리기에리, 알렉산더 포프, 존 드라이든 등의 작품을 예로 드는 것으로 보아 고전과 문학에 대한 조예가 깊은 학자임이 분명하다.

요약하면 나는 〈첫단추〉 시리즈 중 한 권이 될 번역론 입문서를 한국의 대학생 이상 독자를 염두에 두고서 교양서의 언어로 번역했다. 이 번역은 원천 텍스트를 읽을 수 있는 수많은 방식 중 하나이며 동일한 텍스트를 나와 다르게 읽을 여지는 얼마든지 있다. 혹시 원문을 나와 현저히 다르게 해석하는 독자가 있다면, 저자의 다음 말을 한번쯤 떠올려주시길. "명백한 오류의 결과가 아닌 한, 이 다양성을 즐길 수 있어야 한다. 당신이 어떤 책을 이미 읽은 후라면, 당신 독법이 옳다고 확인해주는 번역을 과연 원하겠는가? 번역은 동일한 텍스트가 다른 독자들에게 어떻게 보이는지를 놀랍도록 상세하게 보여줄 수 있다. 댄 건과 같은 서평자의 해석을 접하지 않는다면 당신은 그런 해석을 상상조차 못할 것이다. 번역은 원천 텍스트가 감싸고 있는 의미의 뉘앙스를 열어젖힐 수 있다."

독서안내

저자가 참고하거나 권한 책들은 대부분 번역되어 있지 않다. 그렇지만 번역에 관한 다른 책들은 여기서 다 열거하기 어려울 정도로 많이 번역되어 있다. 국내 저자가 쓴 책들도 제법 있다. 지나치게 전문적인 책은 빼고 내가 읽어서 도움을 받았거나 다른 번역자들이 추천했던 책들을 추렸다.

『갈등하는 번역』, 윤영삼, 글항아리

『번역의 탄생』, 이희재, 교양인

『번역자를 위한 우리말 공부』, 이강룡, 유유

『김화영의 번역수첩』, 김화영, 문학동네

『번역의 공격과 수비』, 안정효, 세경

『말 바꾸기』, 모나 베이커, 곽은주 옮김, 한국문화사

『문학의 번역』, 진 보즈 바이어, 정영목 옮김, 강

『내 귀에 바벨 피시』, 데이비드 벨로스, 정해영·이은경 옮김, 메멘토

『번역한다는 것』, 움베르토 에코, 김운찬 옮김, 열린책들

『번역어의 성립』, 야나부 아키라, 김옥희 옮김, 마음산책

도판 목록

번역

TRANSLATION

1판 1쇄 발행 2017년 12월 1일
2판 1쇄 발행 2024년 11월 1일

지은이 매슈 레이놀즈
옮긴이 이재만

편집 최연희 이고호
디자인 강혜림
저작권 박지영 형소진 최은진 오서영
마케팅 김선진 김다정
브랜딩 함유지 함근아 박민재 김희숙 이송이
　　　 박다솔 조다현 정승민 배진성
제작 강신은 김동욱 이순호
제작처 한영문화사(인쇄) 한영제책사(제본)

펴낸곳 (주)교유당　　**펴낸이** 신정민
출판등록 2019년 5월 24일
　　　　 제406-2019-000052호
주소 10881 경기도 파주시 회동길 210
전자우편 gyoyudang@munhak.com
문의전화 031) 955-8891(마케팅)
　　　　 031) 955-2680(편집)
　　　　 031) 955-8855(팩스)

페이스북 @gyoyubooks
트위터 @gyoyu_books **인스타그램** @gyoyu_books

ISBN 979-11-93710-68-5 03700